Aníbal Barca

Una Fascinante Guía del General Cartaginés que Luchó en la Segunda Guerra Púnica entre Cartago y la Antigua Roma

© Copyright 2020

Todos los Derechos Reservados. Ninguna parte de este libro puede reproducirse de ninguna forma sin el permiso por escrito del autor. Los comentaristas literarios pueden citar breves pasajes en sus revisiones.

Descargo de responsabilidad: Ninguna parte de esta publicación puede reproducirse o transmitirse de ninguna forma o por ningún medio, mecánico o electrónico, incluido el fotocopiado o grabación, o por cualquier sistema de almacenamiento y recuperación de informac   ión, o transmitida por correo electrónico sin el permiso por escrito del editor.

Si bien se han hecho todos los intentos para verificar la información provista en esta publicación, ni el autor ni el editor asumen ninguna responsabilidad por errores, omisiones o interpretaciones contrarias al tema en este documento.

Este libro es solo para fines de entretenimiento. Las opiniones expresadas son solo del autor, y no deben tomarse como instrucciones u órdenes de expertos. El lector es responsable de sus propias acciones.

El cumplimiento de todas las leyes y regulaciones aplicables, incluidas las leyes internacionales, federales, estatales y locales que rigen las licencias profesionales, las prácticas comerciales, la publicidad y todos los demás aspectos de hacer negocios en los EE. UU., Canadá, el Reino Unido o cualquier otra jurisdicción es responsabilidad exclusiva del comprador o lector.

Ni el autor ni el editor asumen responsabilidad alguna sobre estos materiales por parte del comprador o lector. Cualquier desaire percibido hacia cualquier individuo u organización es completamente involuntario.

Contents

INTRODUCCIÓN 1
CAPÍTULO 1 - ROMA CONTRA CARTAGO - LA PRIMERA GUERRA PÚNICA 4
    UNA BREVE HISTORIA DE CARTAGO 4
    EL ASCENSO DE ROMA Y LA DECADENCIA DE CARTAGO 6
    LA RELACIÓN RÍSPIDA SE VUELVE VIOLENTA 8
CAPÍTULO 2 - NACIDO EN UN MUNDO INCIERTO 12
    EL HIJO DE UN FAMOSO LÍDER 12
    EL COMANDANTE TRAICIONADO 14
    LA FAMILIA DE ANÍBAL 15
    UN VOTO QUE DECIDIRÍA SU FUTURO 16
CAPÍTULO 3 - EL ELEMENTO SORPRESA: EL COMIENZO DE UNA LEYENDA 17
    CONSOLIDANDO LA PRESENCIA IBÉRICA Y COMIENZO DE LA SEGUNDA GUERRA PÚNICA 17
    EL PROBLEMA DE SAGUNTO 18
    ELEFANTES Y LOS ALPES 21
CAPÍTULO 4 - PÁNICO EN ROMA Y LAS POSTERIORES INCURSIONES EN TERRITORIO ROMANO 24
    PLANIFICACIÓN PARA LA VICTORIA DENTRO DE SUS LÍMITES 25
    ESCARAMUZAS INICIALES 27
    LA PRIMAVERA Y LA DECISIÓN DE ABANDONAR ROMA 28
CAPÍTULO 5 - LA RIVALIDAD ENTRE ANÍBAL Y FABIO 32
    ESTRATAGEMA DESESPERADA DE ROMA 32
    UN TIPO DIFERENTE AL DEL GATO Y EL RATÓN 33
    ANÍBAL CERCA DE SER CAPTURADO 35
    LOS DISFRACES DEL COMANDANTE 36
CAPÍTULO 6 - DEVASTACIÓN ROMANA EN CANNAS 39
    PREPARATIVOS INICIALES PARA UN COMBATE MÁS GRANDE 40
    COMENZANDO CON DESVENTAJAS DIFERENTES 41

FRENTE A SUS ENEMIGOS 42
LAS CONSECUENCIAS DE LA BATALLA EN CANNAS 46

CÁPITULO 7 – MÁS DE UNA DÉCADA COMO ENEMIGO 48
CARTAGO CONTINÚA TRAICIONANDO AL COMANDANTE DE SU EJÉRCITO 49
ACEPTACIÓN Y PLANIFICACIÓN DE UN COMPROMISO PROLONGADO 51
SOBREVIVIENDO A ANÍBAL 54

CAPÍTULO 8 – DERROTANDO A ANÍBAL 57
FORJANDO UNA NUEVA ALIANZA Y UNA POSICIÓN ESTABLECIDA EN ÁFRICA 58
EL REGRESO DE ANÍBAL 59
LOS TÉRMINOS DE LA DERROTA 62

CAPÍTULO 9 – USO DE LA POLÍTICA PARA RESTABLECER EL PRESTIGIO DE CARTAGO Y UNA TRAICIÓN FINAL 64
CAMBIAR LA ESPADA POR LA PLUMA 65
ACUSACIONES ROMANAS Y LA TRAICIÓN CARTAGINESA DE SU LÍDER MILITAR MÁS FAMOSO 68

CAPÍTULO 10 – EL GATO Y EL RATÓN CON ROMA – ROLES INVERTIDOS 71
LA ALIANZA QUE TEMÍA ROMA 71
UN CORTO RESPIRO Y LA VIDA COMO UN FORAJIDO 73

CAPÍTULO 11 – ESPECULACIONES SOBRE EL FINAL DE ANÍBAL Y EL FIN DE CARTAGO EN LA TERCERA GUERRA PÚNICA 76
UNA VICTORIA FINAL Y UNA TÁCTICA INGENIOSA 77
LA TERCERA GUERRA PÚNICA Y EL FIN DE CARTAGO 79

CAPÍTULO 12 – EL LEGADO Y LA LEYENDA 85
DANDO FORMA A ROMA 85
LO QUE SE PERDIÓ 87
LOS EFECTOS AÚN SE SIENTEN HOY 90
Cómo Cambió la Guerra Aníbal *90*
Uno de los Caracteres Más Carismáticos del Mundo *90*

CONCLUSIÓN 93
BIBLIOGRAFÍA 96

Introducción

Uno de los nombres más emblemáticos de un brillante estratega militar es Aníbal. Fue el legendario general cartaginés quien marchara con elefantes sobre los nevados Alpes y se enfrentó a Roma, en ese momento, el creciente poder en Europa. Superó a los mejores estrategas que Roma tenía para ofrecer y se apostó dos veces frente a las puertas de Roma con su ejército. Desafortunadamente para Aníbal, el Imperio cartaginés estaba en decadencia, y la cobardía del pueblo gobernante le impidió lograr lo que más deseaba: destruir a la República de Roma.

Nacido en la ciudad fenicia de Cartago, Aníbal Barca era hijo del famoso comandante, Amílcar Barca, y aprendió de su padre algo más que solamente cómo liderar un ejército. Habiendo perdido la Primera Guerra Púnica debido a una clase dominante cartaginesa débil, el padre de Aníbal hizo que su hijo hiciera un juramento para nunca dejar de luchar contra los romanos. Hasta el día de hoy, Aníbal Barca todavía se considera la ruina de la República romana.

Es un giro desafortunado del destino que tanto el genio de Aníbal como el de su padre llegaran al final del poder en Cartago porque ambos hombres mostraron talento en tácticas militares. Desde la edad de nueve años, Aníbal fue educado tanto en la lucha como en la política. Vio las batallas de su padre de primera mano durante la

Primera Guerra Púnica y se le dio el control de sus propios hombres cuando su padre expandió el Imperio cartaginés a España. A los 26 años, Aníbal fue elegido para asumir el mando del ejército. Su primer acto importante fue moverse contra la República romana en un intento que aún hoy parece imposible. Hizo marchar a sus hombres desde la Galia (actual Francia) sobre los Alpes hacia Italia, sorprendiendo a los romanos cuando creían que estaban a salvo del ataque.

Al igual que su padre, el poder de Aníbal fue continuamente socavado por los líderes del gobierno que eran demasiado haraganes y temerosos de lo que los romanos podrían hacer. Eso no significaba que le ordenaran a Aníbal que dejara de luchar, simplemente querían tener la victoria si llegaba o poder denunciar a su comandante militar, si perdía, para que pudieran beneficiarse de lo que sucediera. Sin embargo, al final, los líderes lo perdieron todo.

Cuando ya no pudo servir en el ejército, Aníbal se convirtió en político. Inmensamente popular entre la gente, promulgó muchos cambios que no solo perturbaron a las familias gobernantes, sino que también desmantelaron a muchas de ellas. Pero los romanos, a quienes detestaba, se sentían incómodos con que él tuviera algún tipo de control. Trabajando con los enemigos de Aníbal en Cartago, los romanos hicieron que Aníbal fuera eliminado del poder. Esto resultó ser el final de Cartago como un jugador importante en la historia, aunque hubo una guerra púnica más después de la cercana victoria de Aníbal sobre Roma. Ahora Roma exige que lo extraditen a Roma para responder por sus crímenes contra el pueblo romano, y Aníbal no tuvo más remedio que huir. Pasó el resto de su vida huyendo, escondiéndose y causando problemas a Roma donde quiera que fuera. Ofreciendo su destreza militar a cualquiera que la aceptara, Aníbal continuó siendo la espina en el zapato de Roma mucho después de que perdiera su posición militar y política. Después de haber alcanzado una edad avanzada para ese momento (bien entrado en los 60 años), Aníbal murió, cumpliendo su promesa de ser siempre un enemigo de Roma.

Debido a que había cedido tanto a la República romana durante las dos primeras guerras, Cartago se convirtió en poco más que una provincia. Después de la Tercera Guerra Púnica, la ciudad fue completamente destruida para que no pudiera volver a levantarse. Cualquier escrito sobre el brillante comandante militar fue destruido con la ciudad, y solo quedaron algunos fragmentos de información desde la perspectiva cartaginesa. Los escritos sobre su padre proporcionaron un leve vistazo sobre los primeros años de la vida de Aníbal. Casi todo lo que sabemos sobre Aníbal lo tuvimos que aprender de la gente que le temía: los romanos. Teniendo en cuenta el hecho de que sus acciones y estrategias aún se están estudiando y utilizando hoy, y que fue capaz de acabar con Roma antes de la llegada de Julio César (cuyas acciones finalmente ayudaron a convertir a la República romana en el Imperio romano), está claro que Roma miraba a su enemigo con asombro y respeto.

Nunca hubo duda alguna de que Aníbal serviría a su país en el ejército, pero nadie podría haber predicho cuán bien serviría a Cartago. Incluso siglos después, los romanos usaban la frase "¡Aníbal está a las puertas!" Como una forma de indicar una desgracia o miedo. Incluso los desastres naturales se comparaban con él. Sus acciones continuarían persiguiendo a los romanos durante siglos. Debido a la amenaza que había sido para ellos, la República romana se vio obligada a aprender a burlar a sus oponentes y no solo a vencerlos. Las acciones de Aníbal ayudaron a dar forma y a transformar a Roma en el poder militar en el que se convirtiera porque se dieron cuenta desde el principio de que no estaban tan seguros como habían pensado que lo estaban. El poder militar de las legiones romanas duró varios cientos de años hasta la llegada de los hunos a los territorios periféricos, lo que obligó a las tribus germánicas a atacar a Roma. A pesar del hecho de que las tribus germánicas en realidad saquearon Roma en varias ocasiones, fue Aníbal quien siguió siendo la amenaza indeleble para la psiquis romana.

Capítulo 1 - Roma Contra Cartago - La Primera Guerra Púnica

Para entender por qué la reputación de Aníbal Barca ha sobrevivido durante miles de años después de su muerte, es necesario comprender el mundo en el que nació. Los constantes disturbios y guerras fueron causadas por las diversas potencias que intentaban tomar el control de Europa y del norte de África. Entre 264 y 241 a. C., se libró la Primera Guerra Púnica alrededor del mar Mediterráneo, con muchos líderes tratando de expandir su poder en el área. Las dos islas de Córcega y Sicilia eran ubicaciones rentables con posiciones estratégicas, lo que las convertía en los principales objetivos de las luchas de poder en todo el Mediterráneo. Existían muchos grupos diferentes que intentaban controlar estas islas. Cartago y Roma ya estaban en conflicto, y sus esfuerzos por apoderarse de Sicilia dieron como resultado la Primera Guerra Púnica.

Una Breve Historia de Cartago

Los orígenes de Cartago en gran parte son solo historias o mitos, y los hechos de su historia real son casi imposible de distinguir de las leyendas que crecieron alrededor de la ciudad a medida que se hacía más poderosa. Fue uno de los primeros asentamientos fenicios en el norte de África (hoy Túnez), y su nombre significa "nueva ciudad", lo que indica que Cartago no fue el primero de los asentamientos fenicios, sino una expansión. Se menciona en la obra romana, la Eneida, donde se dice que su fundadora fue Dido, que fue una de las primeras princesas tirias. Cuando huyera de Pigmalión (su hermano y una verdadera figura histórica), aterrizó en Cartago, aunque los romanos la llamaron Poeni, basándose en la palabra Fenices, más comúnmente conocida hoy como Fenicios. Esta palabra dio origen al nombre con el que se conocerían una serie de guerras, las Guerras Púnicas.

Los fundadores fenicios eran muy especiales sobre dónde querían establecerse porque buscaban garantizar la longevidad de sus asentamientos. Esto significaba que se enfocaban en regiones que tenían buenos puertos que les permitirían un fácil acceso a las rutas comerciales. La ubicación de Cartago a lo largo del golfo de Túnez, junto con las bajas colinas que protegían el puerto de las tormentas frecuentes, la hacía ideal. La ciudad se estableció en un terreno más alto, lo que hacía que fuera más fácil defenderse de posibles ataques. Con su posición a lo largo del Estrecho de Sicilia, los fenicios pudieron tener cierto control sobre el comercio en la parte baja del mar Mediterráneo.

La gente estaba más enfocada en aumentar su riqueza, lo que significaba que la cultura y las artes no eran tan importantes o apreciadas como lo eran en otras culturas vecinas. A cambio de la cultura, los cartagineses se encontraban entre la gente más rica de la región. Esto no significa que no hubiera obras importantes, aunque es difícil encontrar literatura y obras de arte desde el apogeo del poder de la ciudad, debido a la destrucción que los romanos causaron en la ciudad y otros lugares bajo el control fenicio cuando los fenicios cayeron.

Los productos producidos en Cartago eran considerados artículos de lujo por los romanos. Cartago se había establecido mucho antes del surgimiento de la República romana, y su atención se había centrado principalmente en el comercio. Basada en restos estructurales y objetos, parece que la ciudad en sí misma se estableció a finales del siglo VIII a. C. (a pesar de que las leyendas ubican sus comienzos unos 100 años antes). En el siglo VII, sus bienes se establecieron como artículos de lujo. Para esta época, Cartago comenzó a extraer la plata en el norte de África, y para el siglo III a. C., sus operaciones se habían extendido hasta el sur de España.

Alrededor de este tiempo, Roma y Cartago comenzaron a ser abiertamente hostiles entre sí. A mediados del siglo II (146 a. C.), Cartago finalmente cayó ante Roma. La ciudad continuó siendo importante bajo los romanos, particularmente después de que Julio César reasentara a un gran número de ciudadanos romanos que no tenían tierras de Roma a Cartago, donde comenzaron a vivir y prosperar. Bajo Augusto César, se convirtió en el centro de la provincia romana a la cual pertenecía. Durante los siguientes siglos rivalizó con muchas otras ciudades importantes, como Alejandría y Antioquía. A mediados del siglo III EC, sin embargo, comenzó a estar en declive. Después del colapso del Imperio romano, incluso la historia romana se perdió en gran medida, ya que la ciudad fue saqueada y destruida durante el transcurso de los próximos siglos.

El Ascenso de Roma y la Decadencia de Cartago

La República romana todavía era relativamente joven durante la Primera Guerra Púnica, que comenzó en 264 a. C. Aunque su expansión había sido más limitada, los poderosos reinos e imperios alrededor de Roma estaban cada vez más preocupados por el éxito de la república cuando comenzaron a tener a toda la Italia moderna bajo su control. Su capacidad para ganar e incorporar otras tribus y estados a la república estaba resultando problemática, particularmente para el imperio establecido de Cartago.

El Imperio cartaginés estaba bien establecido, especialmente en las islas que controlaban, y continuaron expandiéndose antes de la Primera Guerra Púnica. Habían reclamado con éxito regiones tan lejanas como España, llevándolos a Europa continental por primera vez. Este nuevo impulso hacia más territorios era una preocupación para los romanos, que residían al otro lado de los Alpes, donde se encontraban algunos de los soldados cartagineses. Parecía un límite natural entre los dos reinos que disuadiría de cualquier posible invasión, pero los cartagineses tenían una fuerza naval mucho más experimentada que los romanos.

El problema principal para Cartago era que ya estaba en decadencia. El cuerpo legislativo estaba casi totalmente corrupto, y la gente en el poder no estaba interesada en el mejoramiento de su pueblo o del imperio. Tenían poco interés en el ejército y a menudo socavaban a los líderes militares que buscaban expandir la influencia cartaginesa. En lugar de ofrecer apoyo, los líderes del gobierno se inclinaron a ceder ante las demandas romanas, permitiendo que el gobierno cartaginés evitara tener que gastar dinero en el ejército. No habían visto ningún resultado real durante varios años y estaban listos para ver el fin del conflicto, incluso si eso significaba perder. Socavarían a dos líderes brillantes porque no podían ver el beneficio inmediato para ellos. Tampoco podían entender lo que los hombres habían logrado porque tenían demasiado miedo a las represalias romanas, a pesar del hecho de que uno de esos líderes podría haber aplastado a los romanos si el gobierno cartaginés le hubiera brindado apoyo.

Un par de preguntas que resuenan a lo largo de los milenios incluyen: ¿Qué hubiera pasado si el gobierno hubiera apoyado más a los militares? ¿Cuán diferente sería el mundo hoy si los militares hubieran tomado un camino diferente al tomar el control del gobierno, como lo hizo Julio César en Roma unos 150 años después? Estas preguntas, "qué hubiera pasado si", son un ejercicio interesante, y todas giran en torno a las acciones de Aníbal. Era un brillante estratega militar y político cuya influencia sobre Europa podría haber cambiado drásticamente la historia del mundo si solo un par de cosas hubieran sido diferentes. En lugar de nacer en una ciudad que apoyara sus estrategias, nació en Cartago al final de su poder. Sin embargo, todavía logró lo que ahora parecen hazañas imposibles basadas únicamente en su propia destreza militar y la lealtad de sus soldados.

La Relación Ríspida Se Vuelve Violenta

Durante varios cientos de años, la relación entre la República romana y el Imperio cartaginés fue en gran medida amistosa. Una alianza formada alrededor del 500 a. C. le dio a Roma y Cartago una razón para trabajar juntos, y su enemigo común eran los etruscos. Su alianza resultó en un tratado que le dio el Mediterráneo a Cartago. Durante ese tiempo, Roma no tenía interés en desarrollar una presencia naval, porque se sentían cómodos permitiendo que Cartago dictara el comercio naval. Fue solo cuando la República romana se sintió segura de que su presencia en Europa ya no estaba en duda cuando comenzaron a centrar su atención en el agua. Fueron los primeros en romper la alianza que habían establecido con el Imperio cartaginés en el apogeo de su poder. Es probable que Roma se diera cuenta de que estaba en ascenso cuando Cartago estaba perdiendo terreno debido a la corrupción de su cuerpo legislativo.

Antes de las Guerras Púnicas, la República romana no había intentado ningún tipo de guerra en el extranjero. Se enfrentaba con otras potencias, pero Roma se centraba más en el continente que en las tierras del mar Mediterráneo y al otro lado de este. Fue la influencia de Cartago sobre la región la que eventualmente condujo a las guerras porque para Roma fueron percibidas como una amenaza. El control cartaginés de las islas de Sicilia y Córcega significaba que controlaban la mayor parte del comercio con el resto del mundo conocido, y esto no era aceptable para los romanos a medida que ganaban más poder. Tampoco fueron estas las únicas potencias que intentaban reclamar las islas como propias. Los griegos no eran tan poderosos como lo habían sido antes, pero aún reclamaban partes de las islas. Esta fue una alianza que luego se disolvería cuando Aníbal arrasó el territorio romano años más tarde, pero para la Primera Guerra Púnica, los militares romanos y griegos trabajaron juntos contra la amenaza más grande de Cartago.

En 264 a. C., la relación amistosa entre Roma y Cartago terminó en una batalla que Cartago debería haber ganado con bastante facilidad. Durante algún tiempo, las hostilidades se habían estado acumulando, pero fue durante este año que las hostilidades se convirtieron en guerra abierta. Esta primera guerra se libró porque ambas partes querían tener un control completo sobre Córcega y Sicilia, aunque a menudo Sicilia recibía más atención porque estaba ubicada en medio del mar Mediterráneo, a medio camino entre Cartago y Roma.

Durante ese año, las dos ciudades costeras sicilianas de Messana y Siracusa estaban en una disputa entre ellas que los cartagineses buscaban finalizar en términos favorables para sí mismos. Como consideraban que las islas formaban parte de su territorio, parecía natural que entraran en Messana después de que los mercenarios la hubieran invadido. Los romanos ayudaron a Messana porque Roma creía que la ciudad era importante para su seguridad. Para los cartagineses, esto fue una violación de su acuerdo de larga data. Sin embargo, su creciente presencia tan cerca del Imperio romano era vista como provocativa por los romanos. Lo más probable es que para los romanos fuera una excusa para emprender nuevas hostilidades con el pretexto de tratar de proteger sus intereses. Al ver esto como un desafío para ellos mismos y una oportunidad para desafiar al poder dominante en la región, los romanos atacaron a los cartagineses. Teniendo en cuenta el hecho de que luchar en aguas abiertas no era parte de su historia, es muy probable que los romanos confiaran en los griegos para ayudarlos en la batalla.

Roma no podía esperar desafiar directamente la larga historia de la experiencia naval que tenían los cartagineses, por lo que adoptaron el método griego de lucha llamado *corvus* o cuervo. Las naves cartaginesas que se acercaban demasiado a las naves romanas y griegas tendrían una plancha abatida sobre sus naves sobre la cual cargarían los romanos. Este método demostró ser increíblemente exitoso contra los cartagineses hasta que una de las tormentas frecuentes por las que el área es conocida atravesó el mar. En ese momento, los cartagineses llevaron la ventaja porque los romanos no tenían suficiente experiencia naval para capear tormentas. Los cartagineses dejaron las ciudades orientales, pero no abandonaron por completo la isla. En ese momento, el líder era el padre de Aníbal, y era un estratega brillante por derecho propio, presentándose como un oponente imposible de vencer por completo.

A pesar de no haber logrado controlar la isla, el Imperio romano pudo controlar lo suficiente de la región para ganar una ruta a Córcega. También la usaron para expulsar a los cartagineses de esa isla. Viendo la oportunidad de hacer más que tomar el control de las islas, los romanos enviaron barcos para atacar a Cartago en el 256 a. C. La respuesta inicial de la ciudad fue rendirse a los romanos, pero al leer los términos de la rendición, los cartagineses optaron por atacar. No solo formaron una impresionante caballería, sino que los cartagineses usaron elefantes para ayudar a expulsar a los romanos de África. Tan pronto como la amenaza romana fue expulsada de sus costas, los cartagineses en el poder comenzaron a perder interés en la guerra y, con el tiempo, llegarían a verla como una pérdida innecesaria del dinero que querían guardar para ellos.

La lucha por Sicilia pronto comenzó de nuevo en el 254 a. C., aunque se hicieron pocos progresos hasta el 241 a. C. Finalmente, con la esperanza de resolver la disputa por el control de la isla, Roma envió aproximadamente 200 barcos para expulsar cualquier amenaza potencial a su reclamo. La presencia púnica en la isla desapareció en gran medida. Al año siguiente, Cartago acordó entregar a los romanos sus reclamos sobre la isla, así como sobre las islas Lipari. Los romanos también le exigieron que pagaran una indemnización.

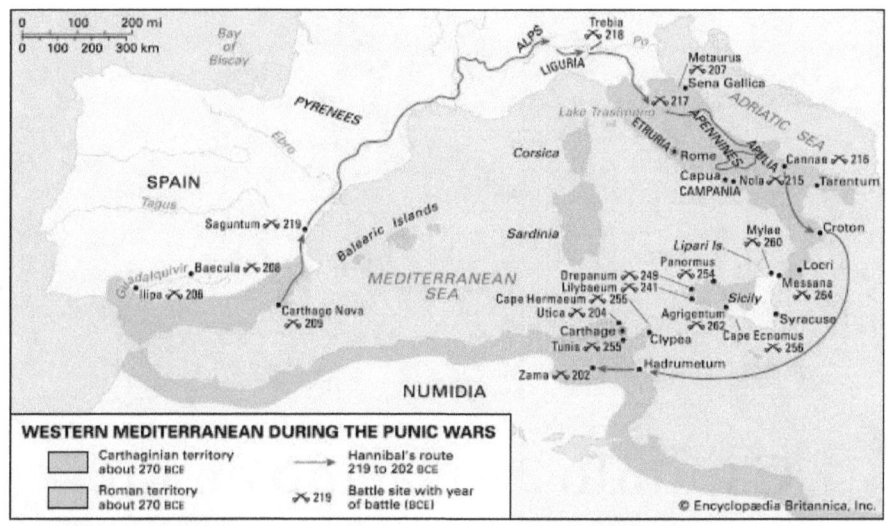

El Primer Mundo durante la Primera Guerra Púnica
(Fuente: https://cdn.britannica.com/42/1042-004-25A2A76C.jpg)

Con la guerra terminada, Roma estableció su primera provincia en Sicilia. No veían a los pobladores de la isla lo suficientemente similares a ellos como para que se convirtieran en ciudadanos del imperio. Durante los años siguientes, Roma se contentó con esto y volvió su atención al continente para expandir el alcance romano, así como a la parte oriental del mar Mediterráneo donde los piratas ilirios amenazaban la creciente presencia romana.

Al igual que en la Primera Guerra Mundial, que tuviera lugar más de dos milenios después, el final de la Primera Guerra Púnica sembró la semilla de lo que estaba por venir. Se libraron dos guerras más, con el resultado nunca completamente asegurado, en gran parte gracias a una de las mentes militares más reconocidas en la historia occidental.

Capítulo 2 - Nacido en un Mundo Incierto

Cuando nació, el futuro de Aníbal Barca estaba casi asegurado. Su padre, Amílcar, fue un famoso general cartaginés que más tarde murió luchando por Cartago, por lo que no había dudas sobre la carrera que seguiría su hijo varón. Amílcar se distinguió como adversario de Roma, y se esperaba la misma carrera militar de Aníbal. Sin embargo, nada de lo que su padre había hecho se compararía con los estragos que Aníbal causaría a los romanos. Durante siglos, Aníbal fue la nefasta pesadilla de los romanos, y lo seguiría siendo hasta la llegada de los hunos, que se convirtieron en el azote de toda Europa.

Desde que era niño, Aníbal estaba preparado para el destino que su padre viera para su hijo.

El Hijo de un Famoso Líder

Cualquier biografía escrita sobre el legendario general se perdió cuando Roma finalmente subyugara a Cartago. Se ha registrado poca o ninguna información confiable sobre la madre de Aníbal, o al menos ninguna que sobreviviera. Sin embargo, se ha registrado mucha más información sobre su padre.

Cuando comenzó la Primera Guerra Púnica, Amílcar Barca era el principal general del ejército cartaginés. Su papel principal era mandar y reunir a la gente en la isla de Sicilia entre 247 y 241 a. C. Sus tácticas eran significativamente diferentes de las de los romanos, ya que ordenaba a su pueblo a que realizaran redadas y ataques que eran un tipo de guerra de guerrillas. Desafortunadamente, perdieron la guerra en 241 a. C. cuando los líderes de Cartago firmaron un tratado de paz, y los cartagineses se vieron obligados a abandonar Sicilia hacia el continente.

Esta pudo haber sido una derrota aplastante que Cartago sufriera con Amílcar al mando de los militares, pero fue compensada ampliamente por sus expansiones anteriores. Amílcar había llevado a Cartago hasta sur de Europa, creando nuevos territorios en la Península Ibérica (hoy España). Mucho antes de que los vikingos hicieran populares los ataques relámpago, Amílcar los estaba usando para atacar partes del sur de Europa, incluso a lo largo de la parte sur de la Italia moderna. Estos ataques eran similares a los ataques de la guerrilla en tierra, pero los barcos permitían a los atacantes entrar rápidamente en una ciudad o pueblo objetivo, asaltar y saquear los edificios importantes, y escapar antes de que cualquier militar pudiera ser llamado para ayudar al pueblo o ciudad. A menudo los barcos utilizados eran ligeros y rápidos, lo que los hacía increíblemente difíciles de atrapar incluso si había una flota que pudiera desplegarse rápidamente para tratar de interceptarlos.

Su método efectivo de ataque le valió el nombre de Baraq, que luego se cambió a Barça. Una traducción aproximada de la palabra es relámpago, lo que indica la reputación que el general tenía entre sus hombres. Este fue el nombre que no solo seguiría al padre, sino que también fue adoptado por su hijo, y sirvió como un recordatorio de dónde provenía Aníbal y las expectativas que su gente tenía de él. Desafortunadamente, la brillantez de Amílcar no fue apreciada por la clase dominante y los políticos corruptos de la época.

El Comandante Traicionado

Durante la Primera Guerra Púnica, Amílcar estaba haciendo un trabajo admirable para evitar a los romanos. Si se le hubiera permitido continuar luchando, es probable que Sicilia hubiera quedado en manos de Cartago. Los militares se enorgullecían de su capacidad para conservar sus provincias, particularmente Sicilia, ya que era un lugar clave para el control sobre el Mediterráneo.

Pero los políticos estaban más interesados en hacer las paces con los romanos porque el costo de la lucha era exorbitante. Con la esperanza de aplacar a los romanos, el gobierno cartaginés aceptó los términos de la rendición romanos. Les costó plata y el control de Sicilia, pero los políticos y las familias gobernantes consideraban que esto era aceptable porque terminaba la prolongada lucha.

El tratado con Roma no solo le dio a Roma el control de Sicilia y varios pagos requeridos, sino que los romanos anexaron Cerdeña y Córcega y aumentaron los pagos que los cartagineses tuvieron que hacer a lo largo de los años. Cuando declararon que su control se extendía a España, Amílcar Barca decidió actuar. No solo tenía el control sobre los militares, sino que también era mucho más popular entre la población que los hombres del gobierno. Con el pretexto de tratar de cumplir con el aumento de los pagos a Roma, Amílcar regresó a España. Por supuesto, su enfoque no estaba en aumentar el dinero que volvería a Roma; por el contrario, quería crear una fuerza más fuerte en España para usarla contra Roma. Con la ayuda de Asdrúbal el Justo (también conocido como Asdrúbal el Hermoso), su yerno y sus cuatro hijos, Amílcar pudo convertir a España en algo más similar a un nuevo imperio.

Amílcar murió en el 228 a. C, aunque los relatos varían sobre cómo murió. Algunos dicen que fue asesinado en batalla, mientras que otros declaran que se ahogó. Su yerno se convirtió en el próximo comandante del ejército cartaginés, pero Asdrúbal solo ocupó el cargo durante siete años. En 221 a. C. fue asesinado.

La Familia de Aníbal

Ya que la vida de Aníbal se conoce principalmente a través de la lente de sus enemigos, no se sabe mucho sobre su vida personal. Dado el tiempo que pasara luchando contra los romanos, no está claro cuánto de vida personal podría haber mantenido el hombre.

El nombre Aníbal se traduce aproximadamente como "Gracia de Ba'al". Teniendo en cuenta cuánto tiempo pasara su padre luchando contra los romanos y dirigiendo el ejército cartaginés, probablemente Amílcar no le dedicó mucho tiempo o atención a Aníbal durante sus primeros años de vida. Al aprender todo lo que su padre estaba dispuesto a enseñarle sobre la vida de un soldado y un comandante, Aníbal fue entrenado en la vida que asumiría desde muy joven. Sin embargo, su educación fue mucho más allá de lo que su padre podía enseñarle sobre el ejército. Como miembro de una prominente familia cartaginesa, Aníbal también recibió instrucción en muchas otras áreas, obteniendo una educación más clásica bajo tutores griegos. Si bien estos tutores definitivamente le enseñaron sobre una amplia gama de temas, hacían hincapié en algunos de los líderes militares griegos más notables, especialmente Alejandro Magno y Pirro. Las lecciones aprendidas durante este tiempo se verían reforzadas cuando Aníbal despidiera a sus tutores para estudiar campañas. El joven Aníbal aprendió a leer, escribir y a pensar de una manera que superó con creces a muchas de las mejores mentes de su tiempo. En sus últimos años, esto sería útil ya que su vida tomaría un camino completamente diferente al de su vida en el ejército.

Aníbal tuvo dos hermanos, los cuales se unieron a su padre en España. También tenía varias hermanas, mujeres que lo asistieron en casa hasta que se casaron y se mudaron de la casa familiar. Después de la muerte de Asdrúbal el Guapo, cuñado de Aníbal, Aníbal asumió el cargo de comandante cartaginés.

Aníbal se casó, pero el único hecho sobre su esposa que hoy se conoce con certeza es que se llamaba Imilce. Se cree que ella era una princesa ibérica porque Aníbal pasó la mayor parte de su vida fuera de Cartago, ya que casarse con una mujer cartaginesa era casi imposible. Desde que obtuvo el control de gran parte de la península ibérica, el matrimonio fue probablemente una de las herramientas que utilizó para ayudar a formar alianzas para ganar el apoyo contra su mayor enemigo: la República romana.

Un Voto Que Decidiría Su Futuro

Comprensiblemente, Amílcar estaba enojado por la forma en que los políticos corruptos de Cartago habían socavado su poder y cedido a las demandas de la República romana. Cuando su hijo mayor, Aníbal, tenía nueve años, Amílcar lo llevó en una expedición a España. Antes de irse, Amílcar hizo que Aníbal jurara que sería un enemigo de toda la vida de Roma, aunque se dice que incluso de niño, Aníbal estaba ansioso por odiar a la república. Habiendo dado su palabra, Aníbal fue llevado a lo que hoy es la España moderna, y comenzó a aprender a controlar un ejército antes de su décimo cumpleaños.

Para cuando cumpliera 26 años, Aníbal no solo había asumido el odio de su padre hacia los romanos, sino que también había aprendido a vencerlos en batalla. A pesar de su corta edad, Aníbal ya era amado y respetado por los militares en España, y lo eligieron su líder después del asesinato de su cuñado. Con el ejército cartaginés bajo su liderazgo, Aníbal estaba a punto de cumplir su juramento de una manera que incluso su padre nunca había considerado. Aníbal iba a llevar la lucha directamente a Roma.

Capítulo 3 - El Elemento Sorpresa: el Comienzo de una Leyenda

Aníbal ya tenía más de una década de experiencia militar cuando asumió el control del ejército cartaginés en el 221 a. C. Fue esta experiencia la que hizo que muchos de los soldados confiaran en la capacidad de Aníbal a pesar de su edad. Fue elegido fácilmente para reemplazar a su cuñado, y el gobierno lo confirmó como el nuevo comandante. Con el apoyo leal de sus hombres, Aníbal tomó medidas casi de inmediato para cumplir su voto con su padre casi dos décadas antes. La confianza y el apoyo que el ejército tenía en su nuevo líder le dio a Aníbal lo que necesitaba para ejecutar algunos de sus planes que habrían parecido imposibles bajo cualquier otro comandante.

Consolidando la Presencia Ibérica y Comienzo de la Segunda Guerra Púnica

El liderazgo parecía ser innato en Aníbal. Cuando tenía solo 23 años, fue puesto a cargo de una sección de tropas. En los años siguientes, ganó el apoyo y la lealtad de los hombres que sirvieran bajo su mando. Aníbal siguió los métodos de manejo de su padre, pero también fue notablemente inteligente. Esto le valió el respeto de mucha de la gente que le conoció.

La muerte de Amílcar fue seguida de la elección de Asdrúbal el Justo (también llamado Asdrúbal el Hermoso) en el 229 a. C. como el nuevo comandante. El gobernador de Cartago estaba interesado en ver crecer su fuerza en la península ibérica, especialmente porque habían perdido el control del comercio en el Mediterráneo. Según el tratado con Roma, Cartago solo podía mantener su presencia en la península ibérica si podían continuar rindiendo homenaje a Roma en función de los términos que Roma había establecido después de la Primera Guerra Púnica. Inicialmente, esto fue increíblemente difícil para los cartagineses, pero su presencia en la España moderna facilitó la explotación de minas y otros recursos para pagar el tributo.

Como experto estadista, Aníbal trabajó para forjar una alianza con algunos de los galos del área. Muchos de ellos ya habían establecido contacto con Roma, y los romanos habían demostrado que eran una amenaza para los galos. Al crear un gran paraguas de gente y tribus que estaban en contra de los romanos, Aníbal estableció una base para convertir más regiones en contra de su enemigo jurado.

El Problema de Sagunto

Después de asumir el control del ejército, Aníbal comenzó a consolidar poder. En respuesta, la gente de la ciudad de Sagunto (en el este de España) comenzó a temer sus intenciones. Ya habían establecido una relación con Roma por miedo a lo que podía hacer la familia Barça en su región. A cambio de su apoyo, Roma exigiría que la gente de Sagunto le proporcionara detalles de lo que estaba sucediendo en la región, especialmente sobre los movimientos del comandante, que, en el momento de la alianza, era Asdrúbal. Cuando las fuerzas en la ciudad comenzaron a chocar, algunas pro-Barça y otras pro-romanas, los romanos enviaron un contingente para ayudar a resolver la disputa. Por supuesto, este contingente favorecería a las facciones romanas, y algunos de los partidarios de Barça serían ejecutados. Aníbal no actuó de inmediato porque sentía que necesitaba tener un control más estricto en el área. Durante varios meses, Aníbal continuó consolidando su poder. Esto hizo que la gente de Sagunto se preocupara aún más, y comenzara a pedir más ayuda a Roma.

A los romanos realmente no les importaba mucho la gente de Sagunto; su verdadero interés estaba en el nuevo comandante. Con el ascenso de Aníbal como líder militar en el 221 a. C., Roma tenía aún más razones para preocuparse. Aníbal mantuvo el acuerdo del tratado que se había firmado con Roma, permaneciendo en las regiones de Cartago permitidas en el tratado. Su inteligencia como estadista demostró rápidamente que era capaz de ganarse el respeto y la confianza de muchas de las tribus locales. Cuando los lugareños eran menos amigables, él podía subyugarlos fácilmente. Esto causó una gran incomodidad a los romanos, ya que la presencia de los cartagineses en el continente continuó creciendo y fortaleciéndose. Sin embargo, la República romana sabía que no podían romper directamente el tratado. Sin embargo, sus siguientes acciones en Sagunto fueron una violación directa del tratado, ya que los romanos fueron quienes resolverían el conflicto y no la gente de Sagunto.

En un esfuerzo por socavar lo que Aníbal estaba haciendo en la Península Ibérica, los romanos ayudaron a la gente de Sagunto a iniciar un golpe de estado contra Cartago en el 219 a. C. Aunque no se enfrentaron directamente a Aníbal, era obvio que los nuevos funcionarios del gobierno en la ciudad eran poco más que títeres de los romanos.

En respuesta a la intromisión de Roma, Aníbal marchó hacia la ciudad de Sagunto, que estaba llena de nativos. Se estableció fuera de los muros y amenazó con destruir la ciudad. Si bien los romanos parecían reconocer que habían avanzado demasiado con sus tácticas, querían probar la resolución de Aníbal para ver si se derrumbaría tan fácilmente como lo hicieron los líderes del gobierno en Cartago. Enviaron una delegación para negociar con Aníbal en un esfuerzo por detener la batalla. Después de todo, Aníbal había formado una presencia mucho más grande y mejor organizada en la península que ellos, además de tener relaciones mucho mejores con muchos de los nativos. Quizás con la esperanza de jugar con el sentido del honor del comandante, los embajadores trataron de advertirle que los romanos veían a los saguntinos como sus aliados. Debido a la cantidad de interferencia que los romanos habían usado para asegurar la alianza de la ciudad con ellos sobre los cartagineses, probablemente Aníbal se enfureció por su hipocresía. Si Roma no se hubiera inmiscuido en las luchas internas de la ciudad, probablemente la gente hubiera buscado una alianza con Aníbal y sus hombres en lugar de con Roma. Fue la República romana la que primero se entrometió en la península, y eso resultó en la ejecución de aliados cartagineses, algunos a manos de romanos. La respuesta de Aníbal era predecible, ya que se negó a irse ahora que Roma estaba interfiriendo directamente con los intereses cartagineses. Los embajadores romanos tuvieron que buscar una audiencia en Cartago para expresar sus preocupaciones porque Aníbal no quiso escuchar. Cuando le advirtieron que no cruzara los límites establecidos al final de la Primera Guerra Púnica, Aníbal los ignoró.

Cuando los romanos apenas estuvieron fuera del área, Aníbal cumplió con su amenaza. Él y sus hombres destruyeron por completo la ciudad de Sagunto, resultando Aníbal herido en el ataque. Los romanos hicieron un intento más para disuadirlo de su camino, pero Aníbal respondió negándoles la entrada a su campamento, diciendo que no podía asegurarles que los embajadores estuvieran a salvo. Como estaba demasiado ocupado asediando la ciudad, tampoco había margen para que él los protegiera.

Cabe señalar que durante esta lucha no mataron a ningún romano, salvo a los nativos y la gente que estaba con Roma. Sin embargo, esta fue la acción que provocó el comienzo de la Segunda Guerra Púnica.

Roma exigía que Aníbal fuera llevado ante ellos para ser juzgado. Independientemente de lo que pensaran los líderes de Cartago sobre el incidente, pues inicialmente no desautorizaron a Aníbal, no es que no tuvieran una voz real al respecto. Los militares permanecían fieles a Aníbal y no a los irresponsables líderes de Cartago, por lo que no había forma de que el gobierno cartaginés obligara a Aníbal a ir a Roma para ser juzgado, incluso si hubieran querido hacerlo.

Elefantes y los Alpes

Aníbal sabía que solo era cuestión de tiempo antes de que Roma intentara atacarlo, pero también sabía que tenía el apoyo leal de sus hombres. No cometería el mismo error que su padre al tratar de retener el territorio cartaginés, sabiendo que todo sería en vano cuando se tratara de las negociaciones finales con los líderes del gobierno de amigotes que estaban en el centro de la corrupción en Cartago. Su mejor acción que tomar era cruzar dos cadenas montañosas y atacar a la misma Roma.

Había muchos desafíos para este plan que habrían hecho que un líder menor se rindiera y esperara que la pelea llegara a él. Cruzar dos cadenas montañosas con 40.000 soldados de infantería y 12.000 de caballería era lo suficientemente severo, pero su ejército incluía algo único de Cartago, tenían elefantes de guerra de India y África Central. Algo aún más intimidante y que requeriría más esfuerzo que la primera cordillera fueron los Alpes, la segunda, que permanecían cubiertos de nieve durante todo el año. Intentar mover a tantos hombres, caballos y elefantes sobre la nieve parecía un desafío insuperable, pero no disuadiría a Aníbal. Poco después de destruir por completo a Sagunto, Aníbal preparó a sus hombres para una invasión de Italia.

Antes de abandonar la península, Aníbal buscó el permiso para comenzar su marcha y envió un mensaje al Consejo cartaginés. Como era de esperar, los consejeros no querían prepararse para la guerra, por lo que esperaron noticias de Roma, con la esperanza de un acuerdo que los beneficiara, aunque no lo creían posible. Sus esperanzas se desvanecieron cuando Roma demostró que estaban tan ansiosos por luchar como lo estaba Aníbal. Los términos que enviaron para evitar una confrontación eran detener toda expansión por parte de Cartago y enviarles a Aníbal, algo que los romanos ya sabían que sería imposible. Sabiendo que estaba acorralado, el consejo se negó a doblegarse ante los romanos y le otorgó a Aníbal el permiso que necesitaba para actuar.

Listo en el 218 a. C., comenzó el largo viaje a Roma. Había dos razones por las cuales este era un movimiento brillante. Primero, le daba a Aníbal un elemento sorpresa, otorgándole una clara ventaja. La razón por la que Roma confiaba tanto en su intervención en Sagunto era porque el problema estaba muy distante de su sede. En segundo lugar, Roma envió a sus militares a la península, por lo que pensaron que Aníbal sería mucho más vulnerable a una invasión.

Comprendiendo la importancia de mantener no solo una presencia, sino una relación amistosa en la península ibérica, Asdrúbal (el cuñado de Aníbal) se quedó para mantener esas relaciones con los hombres que se quedaron para cuidar el territorio cartaginés. Cuando Aníbal marchó con su ejército a través de España, cruzó a los territorios en Cartago, a los que, según el tratado, no tenía permitido ingresar. En un esfuerzo por ganarse la confianza y el respeto de la gente, el comandante trabajó para fomentar relaciones amistosas con ellos y buscó parecer un libertador. Aníbal quería volver a los nativos contra Roma sin tanta interferencia directa como Roma había demostrado, y se presentó como el comandante de la fuerza que los liberaba del control romano. Durante ese tiempo, más hombres se unieron a sus fuerzas, queriendo oponerse a Roma.

Este elemento sorpresa significó una larga marcha, primero sobre las montañas de los Pirineos hacia el sur de la Francia moderna antes de llegar a los Alpes para el empujón final. Cruzar el sur de Francia planteó algunos problemas únicos, ya que las tribus germánicas no eran amistosas. Las luchas internas entre las tribus se dejaron de lado para atacar a las fuerzas externas que ingresaron a sus territorios, romanas o de otro tipo. Aníbal logró evitar hábilmente la mayoría de las confrontaciones, manteniendo sus fuerzas intactas a medida que se acercaban a los Alpes.

Al pie de las impresionantes montañas, Aníbal se vio obligado a dejar atrás su equipo de asedio. Conseguir que una fuerza tan grande atravesara los Alpes ya era un desafío imposible sin tener que agregar los pesados y grandes equipos. La marcha sobre las montañas fue increíblemente peligrosa, con hombres muriéndose de hambre y congelación, además de perder algunos de sus miembros. Incluso algunos elefantes tropezaban al borde de su camino, cayendo en picado hacia su muerte. La moral, que había sido alta cuando comenzara la marcha, ahora era baja, ya que los soldados veían morir a sus camaradas a derecha y a izquierda. También durante su ascenso a la cordillera hubo algunas tribus que los atacaron.

Cuando la moral alcanzaba su punto más bajo, las legiones cartaginesas llegaron a la cima de los Alpes. Ahora, capaces de ver su objetivo, los hombres comenzaron a sentir el entusiasmo y la importancia de lo que acababan de lograr. Se estima que 26.000 hombres sobrevivieron al viaje imposible por los Alpes, y solo unos pocos elefantes sobrevivieron al viaje. Sin embargo, esto fue más que suficiente para una invasión, y Aníbal sabía que tenía lo que necesitaba para representar una seria amenaza para sus enemigos jurados. Los últimos diecisiete días de miseria estaban a punto de ser compensados de una manera que nadie en Cartago podría haber predicho. Ahora que finalmente se enfrentaron a un enemigo que había causado tanta vergüenza a Cartago en la Primera Guerra Púnica, los hombres de Aníbal estaban listos para hacer pagar a los romanos por su arrogancia.

Capítulo 4 - Pánico en Roma y las Posteriores Incursiones en Territorio Romano

El cruce de los Alpes por Aníbal y sus fuerzas fue el comienzo de una pesadilla para la República romana. Habiendo finalmente puesto bajo su control la mayor parte de la Italia continental moderna, la república tal vez se había vuelto un poco demasiado confiada porque nunca se habían enfrentado a una amenaza más grande que ellos mismos. Cartago puede que hubiera estado en decadencia, pero al igual que muchas naciones en descomposición, su ejército todavía era fuerte, y los hombres que servían en el ejército estaban celosos de devolver su hogar a una posición de poder.

La diferencia entre los militares de la naciente República romana y los del establecido Imperio cartaginés estaba a punto de aclararse. Hasta ese momento, el corrupto gobierno cartaginés había estado infravalorando a sus militares. Ahora, uno de los mejores líderes en la historia del área estaba tomando decisiones según sus términos. Nada en la historia de Roma podría haberlos preparado para Aníbal y su ejército.

Planificación para la Victoria Dentro de Sus Límites

Llegar a la cima de los Alpes inyectó al ejército cartaginés con la moral y el propósito con la que habían iniciado la partida de sus tierras en la España moderna. Durante unos días Aníbal acampó en la cima de los Alpes mientras planeaba su descenso. Habiendo dejado atrás el equipo para el asedio, Aníbal sabía que tomar la ciudad de Roma sería significativamente diferente de sus planes originales. Dado que las tierras frente al ejército cartaginés se habían unido recientemente bajo Roma, Aníbal razonó que no todos ellos estarían muy contentos con este cambio en la dinámica del poder. Su plan combinaba el uso de la fuerza militar y actuar como liberador de los pueblos que los romanos habían conquistado. No es seguro dónde estuvo Aníbal exactamente durante este tiempo, ya que no hay registros que sobrevivieran al viaje. Polibio, un historiador griego, fue una de las pocas personas que registró detalles sobre las hazañas de Aníbal durante su tiempo en territorio romano, pero no tenía muchos detalles sobre los caminos tomados por los militares. Se sabe que la nieve estaba cayendo sobre Aníbal y sus hombres mientras acampaban en la cima de los Alpes y luego mientras bajaban a las llanuras frente a ellos.

Entre su conocimiento de la guerra y su comprensión de la política, Aníbal sabía que tenía muchas ventajas, pero el viaje lo puso a él y a sus hombres en una situación más desesperada de lo que esperaba. Era conocido por planear sus campañas alrededor de las tierras en las que pelearía y conocer a los hombres que liderarían la carga contra él. El tiempo en que estuvo en la cima de la montaña probablemente lo aprovechó para estudiar las tierras a las que se dirigían. Sus fuerzas se agotaron por la larga caminata desde la península ibérica, y también tuvo que planear en torno al hecho de que había traído a su ejército a gente de diferentes culturas y habilidades militares. Todo esto debía tenerse en cuenta porque necesitaba jugar con las fortalezas y minimizar las debilidades de sus hombres. Fue un líder que rara vez existe hoy, no solo por lo que planeó, sino también porque dirigió a sus hombres desde el frente, porque entendía que la moral y la camaradería eran mucho más importantes que enviar a los hombres al matadero. Al arriesgar su propia vida en cada batalla, Aníbal estaba demostrando que él y sus hombres estaban todos juntos en la lucha. Probablemente esto jugó un papel importante en sus éxitos contra los romanos.

Su padre había perdido la Primera Guerra Púnica porque en gran medida había estado confinado en una isla. Aníbal sabía que a pesar de la difícil travesía desde España y el estado de su ejército, tenía fuerzas superiores a las de los romanos. Con su mayor comprensión de la lucha en tierra, su capacidad para inspirar a la gente y su ingenioso enfoque para luchar, Aníbal fue un líder que encarnó el odio de los Barça por Roma. Sabía exactamente lo que este movimiento les haría a los romanos, y fue una de las muestras más impresionantes de conmoción y asombro jamás dirigida por ningún militar en la historia.

El comandante cartaginés estaba a punto de ver fructificar años de planificación. Sus éxitos hasta ese momento, incluida la marcha a través de la parte sur de Europa continental, no se hicieron de improviso. Fue el resultado de años de planificación. Había estado esperando que Roma le diera una razón para actuar, y una vez que la tuvo, Aníbal sabía mucho de lo que tenía que hacer para maniobrar alrededor de las tribus en la Francia moderna, los problemas que tendrían al cruzar dos cadenas montañosas, y la situación de la gente en Italia. Es posible que el plan fuera en realidad el de su cuñado, Asdrúbal el Justo, que fue asesinado poco antes de que Aníbal actuara sobre la idea. Desde el momento en que se hizo cargo de las fuerzas armadas, Aníbal sabía que pondría en práctica ese plan. Uno de los elementos clave se basó en los contactos que había mantenido con los galos de Padana en el moderno norte de Italia. Esto le forjó lazos con un pueblo que podría ayudarlo a obtener los suministros que necesitaba una vez que su ejército hubiera cruzado a Italia.

Escaramuzas Iniciales

Los romanos ciertamente se sorprendieron cuando Aníbal bajó de las montañas. Habían enviado a Publio Cornelio Escipión para enfrentar a Aníbal en los territorios de la península ibérica, solo para descubrir que el ejército cartaginés había hecho lo imposible: cruzar los Alpes con una fuerza enorme. El ejército romano había viajado en barco, que obviamente era más rápido, pero también significaba que solo podían mover una fuerza más pequeña, por lo que los romanos no estaban completamente desprotegidos de regreso a casa. Escipión se enteró rápidamente de que el enemigo que buscaba ya había marchado a su tierra natal. Dando la vuelta, regresó a Roma lo más rápido que pudo.

Escipión pudo llegar a los territorios romanos en Italia en la época en que Aníbal había viajado desde los Alpes. Se encontraron en el río Ticino cerca de Ticino a finales de noviembre del 218 a. C. Aníbal y sus fuerzas derrotaron fácilmente a Escipión y sus hombres, empujándolos hacia el sur. Escipión resultó gravemente herido, y se dice que solo sobrevivió debido a su pequeño hijo, Escipión Africano, llegó y lo rescató. Esta puede haber sido una forma de hacer que su hijo se viera más involucrado en la batalla de lo que realmente estaba (en ese momento el joven Escipión solo tenía entre dieciséis o dieciocho años), así como una forma de salvar la reputación del Escipión más viejo. Algunos informes dicen que fue un esclavo quien lo salvó de una muerte segura, lo que habría herido la reputación y el orgullo del general si se hubiera sabido bien. Al atribuir el rescate a su hijo, no solo hizo que el padre se viera un poco más honorable, sino que también ayudó a desarrollar una mayor reputación para su hijo. Dado el destino que le esperaba al joven Escipión, es posible que haya salvado a su padre. Es imposible saberlo con certeza, ya que los registros de hazañas romanas de hace más de 2.000 años no son del todo confiables. Lo mejor que se puede hacer es que la gente especule y crea lo que quiera. Esto es cierto sobre muchos hechos de los romanos, aunque menos cierto sobre Aníbal. Lo que sabemos de

Aníbal hoy es probablemente más preciso porque muestra cuán superados estaban los romanos contra él. Después de todo, lo que sabemos sobre la vida de Aníbal viene a través de la historia desde la perspectiva de los romanos.

Los romanos se mudaron a la ciudad de Trebia, esperando la llegada de refuerzos y para reagruparse después de la derrota. Sabían que tomaría tiempo la llegada de refuerzos, ya que venían de las regiones del sur de Roma, incluida Sicilia.

Sin nadie que lo detuviera, Aníbal pudo marchar hacia adelante, buscando tomar suministros de áreas más al sur. Esto se logró rápidamente cuando los cartagineses tomaron la ciudad de Clastidio. No solo pudieron reabastecer sus necesidades de alimentos, sino que los hombres de Aníbal también encontraron nuevas armas y armas. Empoderados por la derrota de Escipión y reabastecidos con nuevos suministros, los hombres de Aníbal comenzaron a sentir la emoción de enfrentarse finalmente al enemigo que los había insultado tanto después de la Primera Guerra Púnica. Clastidio se convirtió en un refugio para ellos cuando el invierno se instaló en la región. Con abundante comida y lugares para que descansaran los soldados, pudieron florecer y entrenarse en una fuerza más unificada. Con Aníbal trabajando para conquistar a los pueblos locales por medios diplomáticos, él y sus hombres rápidamente obtuvieron el control de una gran parte de la región. Durante este tiempo, también diezmaron a una de las legiones romanas enviadas para enfrentarlos cerca de la ciudad de Trebia.

La Primavera y la Decisión de Abandonar Roma

El invierno apenas había terminado cuando la lucha se reanudó nuevamente. Marchando hacia lo que ahora es la Toscana, Aníbal pudo atraer a las fuerzas romanas hacia Etruria. Nuevamente, ganó sin mucha dificultad, aunque perdió uno de sus ojos durante la primavera de 217 a. C. Lo que sucedió es materia de debate, algunos historiadores dicen que perdió el ojo durante la pelea en Etruria, mientras que otros dicen que sufría de oftalmia (la inflamación del ojo de una fuente externa, como la conjuntivitis o la sobreexposición a los rayos ultravioleta).

Hasta ese momento, los romanos habían demostrado no ser un problema para Aníbal y sus hombres, y pudieron moverse sin control por los territorios romanos. Entre las relaciones amistosas de Aníbal con los pueblos de los reinos del norte y sus habilidades militares superiores, los romanos en su estado actual eran demasiado pequeños e inexpertos para hacer frente a sus tropas en batalla. Roma envió pequeños contingentes contra Aníbal, sin comprender que estaban jugando en sus manos. Aníbal derrotó fácilmente a dos legiones romanas más en el lago Trasimeno a finales de junio, despejando un camino hacia la ciudad cuya destrucción lo ayudaría a cumplir la promesa hecha a su padre. Inicialmente, Aníbal esperaba que tantas fáciles derrotas mostraran a otros aliados romanos que mejor sería ponerse del lado de los cartagineses. Cuando pocos de los aliados romanos decidieron ponerse de su lado, Aníbal decidió que era hora de que él y sus hombres marcharan a Roma para probar qué lado tenía el poder superior.

Una vez que Aníbal estuvo a las afueras de Roma, pudo ver la extensión total de las fortificaciones de una ciudad que había pasado gran parte de su existencia temprana asegurando que su centro estuviera bien defendido. Habiendo dejado sus equipos de asedio al otro lado de los Alpes y sin elefantes para penetrar en las fortificaciones, Aníbal sabía que cualquier ataque directo sobre Roma sería insensato. Fue entonces cuando recurrió a Cartago buscando ayuda. Si le proporcionaban asistencia, él podría destruir Roma, negando todas las cargas que se habían impuesto a su pueblo desde la Primera Guerra Púnica. El gobierno cartaginés era mucho menos competente y carecía de cualquier tipo de visión, por lo que se cruzaron de brazos y lo dejaron hacer lo que eligiera, pero no recibiría ningún apoyo de su parte. La respuesta del Senado cartaginés fue que Aníbal debería poder vivir de la tierra donde él y sus hombres estaban estacionados. No tenían fondos de sobra para ayudarlo en su marcha por las tierras de sus enemigos. Parece que realmente creían que esto era cierto; parecían tener la idea de que Aníbal podía hacer un milagro sin que a ellos les supusiera ningún gasto adicional. Desafortunadamente, esto sentó un precedente terrible, y fueron Aníbal y los militares quienes finalmente sufrieron por el método ineficaz de su gobierno de apoyar a sus militares.

Aníbal sabía que no sería capaz de tomar Roma bajo esas circunstancias, una decisión que muchos líderes tomarían a lo largo de los años, y fue solo siglos después que las tribus germánicas finalmente lograron lo que había sido imposible bajo Aníbal. Las tribus germánicas contaron con el apoyo de su pueblo, lo que les facilitó el asedio a la capital hasta que Roma fue demasiado débil para oponer mucha resistencia. Aníbal no tenía los recursos para un asedio prolongado, y sabía que atacar la ciudad directamente sería un movimiento sin sentido. Esto lo llevó a tomar un curso de acción mucho más estratégico tratando de causar la caída de Roma: buscó una ruta política para poner al pueblo en contra de sus líderes. Si no podía tomar Roma con sus hombres, podría hacer que la vida de la gente de la ciudad fuera miserable. Los aliados que estaban más lejos podrían ser empujados por los hombres de Aníbal para volverse contra los romanos. Sintió que, si podía encender una insurrección contra su enemigo, entonces el pueblo haría el trabajo que él no podía hacer.

Las tácticas que luego adoptara Aníbal resultaron ser una pesadilla para los romanos. Nunca antes se habían enfrentado a una amenaza tan grave, por lo que creían que eran inmunes a los problemas de otras potencias. Habían tenido éxito en tierra y en el Mediterráneo. Ya habían enfrentado a Cartago una vez y ganaron, por lo que el hecho de que su victoria se convirtiera en una guerra a sus puertas parecía imposible. Nunca se habían enfrentado a nadie que fuera tanto un inteligente estratega como un astuto político; ahora, tenían la peor combinación de las dos literalmente a sus puertas. Y esta fue solamente la primera vez que sucedería. Este evento marcó la mentalidad de los romanos, incluso mucho después de que Julio César reclamara el poder dictatorial sobre ellos, incluso cuando las tribus germánicas sitiaron la ciudad, y aun mucho después de que la ciudad cayera en la corrupción de su pueblo. Aníbal llegó a ser el único que podía inspirar un miedo y desesperación que normalmente solo rivalizaba con desastres naturales catastróficos. La idea de su presencia esperando en las afueras de Roma mientras planeaba su próximo movimiento perseguiría al pueblo de la república, luego al imperio, causando un nivel de paranoia y defensa que los convertiría en una de las mayores potencias militares de la civilización occidental. Es muy probable que sin Aníbal los romanos nunca hubieran llegado a las alturas que alcanzaron. Fue el bautismo de fuego de la joven república en un incendio que les dio forma. Fueron notablemente afortunados debido al hecho de que sus líderes más inteligentes estaban observando a Aníbal y aprendiendo de él.

Capítulo 5 - La Rivalidad Entre Aníbal y Fabio

Decir que Aníbal tenía un digno rival realmente es darle más crédito del que se debe a Quinto Fabio Máximo Verrucoso, pero fue lo más parecido a un rival que el ingenioso líder militar cartaginés tuvo durante la mayor parte del tiempo que pasó en Europa. Fabio no se parecía en nada a Aníbal, como lo demuestran sus tácticas muy diferentes en batalla. Sin embargo, quizás la mayor diferencia está en cómo llegaron al poder. Aníbal se ganó su puesto a través de años de estudio y experiencia; Fabio fue designado como uno de los primeros dictadores al frente del liderazgo romano.

Estratagema Desesperada de Roma

Entendiendo sus propias limitaciones, Aníbal decidió atormentar a los romanos atacando las ciudades alrededor de Roma, debilitando sus alianzas, interrumpiendo los suministros a la ciudad y, en general, dificultando la vida de los ciudadanos de Roma. No era el tipo de guerra que los romanos estaban acostumbrados a combatir. Si bien se sentían a salvo de Aníbal detrás de las fortificaciones de la ciudad, rápidamente se dieron cuenta de que estaba deshaciendo todos sus años de trabajo para unificar los territorios que estaban bajo su control. Muchos de sus aliados se estaban pasando al bando de Aníbal porque estaba claro que Aníbal era el líder militar superior. Roma había sido rápida en causar problemas a los cartagineses cuando estaban lejos de casa, pero ahora que el enemigo estaba literalmente a las puertas, Roma estaba perdiendo las alianzas que habían pasado años o décadas formando con los gobiernos a su alrededor.

En nombre de la autoconservación, Roma optó por nombrar a Quinto Fabio Máximo Verrucoso para que fuera un dictador durante su época de problemas; esta fue la segunda vez que fue elegido para servir como dictador. Esencialmente, esto significa que se le dieron poderes extraordinarios como el magistrado romano, un movimiento que fue utilizado por Julio César poco más de 150 años después para hacerse cargo del gobierno de Roma.

Fabio tenía una idea completamente diferente sobre cómo lidiar con Aníbal. Mientras que otros líderes habían tratado de enfrentarlo directamente, Fabio eligió una ruta que era mucho más difícil de contrarrestar para Aníbal. El líder cartaginés sabía cómo enfrentarse a otros romanos, por lo que Fabio decidió mantenerse alejado de las fuerzas de Aníbal lo suficiente como para ser una molestia, pero no para poner a sus hombres en peligro inmediato de una confrontación decisiva. Su idea era desgastar a los cartagineses de modo que fueran más propensos a cometer un error por descuido del que luego podría aprovecharse.

Un Tipo Diferente al del Gato y el Ratón

Si ha observado a un gato de interior cuando es molestado por una ardilla afuera, probablemente haya visto cómo la ardilla se acerca a sabiendas al gato, atormentándolo a propósito. Una vez que la ardilla se da cuenta de que el gato está allí, pero no tiene oportunidad de salir, la ardilla lo mira y se mueve deliberadamente para torturar al gato al otro lado del vidrio. En la mayoría de los casos, el único recurso del gato es caminar frente a la ventana o sentarse y lanzar miradas como dagas a la ardilla.

Esta fue esencialmente la relación entre Fabio y Aníbal. Fabio sabía que no tenía ninguna posibilidad contra Aníbal en un combate directo. Entonces, cada vez que Aníbal montaba un campamento, Fabio hostigaba y saboteaba donde podía, acosando constantemente a los cartagineses cuando intentaban descansar. Cuando Aníbal intentaba forzar una pelea, Fabio retiraba sus fuerzas, manteniendo a sus hombres fuera del alcance de la ira de Aníbal.

Cuando Aníbal atacaba el campamento romano, Fabio y sus hombres seguían a los invasores usando esta nueva táctica. Esto le valió a Fabio el apodo de "El Retrasante". También trató de acorralar a Aníbal y a sus hombres en el continente para que los romanos pudieran derrotarlos una vez que estuvieran lo suficientemente desgastados. En un momento, esta estrategia casi funcionó. Manteniendo a sus hombres cerca de los invasores, Fabio podía determinar a dónde se dirigía Aníbal y ponerle las cosas difíciles a él y a sus hombres siempre que le fuera posible. Pero realmente no era posible obstaculizar al ejército invasor de ninguna manera significativa sin luchar directamente contra ellos o dañar las áreas a las que iba Aníbal.

Este enfoque funcionó bien como un tipo interesante de reconocimiento defensivo, pero no pinta a los romanos de manera positiva. Los lugares donde Aníbal y sus hombres atacaban y destruían todo eran dejados solos para enfrentar la amenaza, a pesar del hecho de que los soldados romanos estuvieran cerca. Al evitar la confrontación contra los invasores y negarse a proporcionar ayuda a la gente afectada por sus acciones, la estrategia de Fabio realmente ayudó a que más gente se volviera contra Roma. En última instancia, no era lo que el Senado romano había esperado lograr al convertir a Fabio en un dictador. Esto no impidió que el Senado mantuviera la opción para que abusaran más más tarde, como se vio cuando César la usó nuevamente más de un siglo y medio después.

A pesar de todos los fallos del brutal pragmatismo de Fabio, su estrategia estuvo a punto de funcionar. El problema estaba en que no era tan inteligente o astuto como el hombre al que se enfrentaba.

Aníbal Cerca de ser Capturado

Después de hostigar a los militares de Aníbal durante la primavera y el verano, Fabio finalmente pudo acorralarlos cerca de la ciudad de Capua. Sin forma de escapar, parecía que Aníbal y sus hombres estaban en una posición en la que rendirse era la única salida.

Durante la noche, Fabio y sus centinelas vieron una fila de antorchas que se dirigían hacia una de las guarniciones romanas. Esto pareció una maniobra muy extraña, pero entre enfrentarse a los romanos o quedar atrapados, parecía claro lo que Aníbal había decidido hacer. Como las antorchas se dirigían hacia una guarnición romana conocida, Fabio y sus generales trataron de determinar el mejor movimiento que podían tomar. Sus generales sintieron que finalmente deberían enfrentarse a Aníbal antes de que él pudiera romper las filas romanas. Parecía casi imposible que fallaran, ya que tenían una mejor idea que los invasores de la tierra a su alrededor. Argumentaron que la guarnición necesitaba apoyo. Fabio no estuvo de acuerdo, y respetando su decisión final como si fuera la misma ley, esperaron hasta la mañana para moverse.

Mientras Fabio, sus generales y sus soldados esperaban la mañana, los romanos en la guarnición salieron a encontrarse con Aníbal y su ejército. En este aspecto, la comparación entre Aníbal y Odiseo, el autor intelectual detrás del Caballo de Troya en la *Ilíada* era muy pertinente, ya que Aníbal logró hacer una maniobra digna de uno de los hombres de mito más astutos.

Al alcanzar a las antorchas que se dirigían hacia la guarnición, los romanos encontraron ganado que estaba menos que complacido por los fuegos encendidos, que estaban unidos a sus cuernos. Las cosas se volvieron caóticas cuando los romanos intentaron detener al ganado, y luego se dieron cuenta de que la distracción les había dado a los cartagineses la oportunidad que necesitaban para escapar de la trampa.

Después de ignorar las súplicas de ayuda de la gente en el campo romano y ahora no pudiendo obligar a los invasores a rendirse cuando finalmente tuvieron la oportunidad perfecta, Fabio perdió el apoyo del Senado. Aunque había salvado la vida de muchos de los hombres a su cargo, la estrategia de retirarse constantemente del enemigo no le sirvió de nada a los romanos.

Cabe señalar que el método de Fabio (que hoy se conoce como la estrategia de Fabián) tenía algunos inconvenientes bastante obvios, pero podría haber funcionado si se hubiera utilizado durante más tiempo. La trampa que casi atrapó a Aníbal y sus fuerzas demostró que funcionaba. Sin embargo, no está claro cuánto tiempo habría tomado capturar a Aníbal, y la destrucción que Aníbal había podido hacer en menos de un año ciertamente no era el tipo de actividad que los romanos podían permitir que continuara. El hecho de que Aníbal hubiera burlado a Fabio y que el dictador no hubiera tenido en cuenta las opiniones de sus generales demostró que Fabio no podía anticipar por completo cuál sería el próximo movimiento del astuto cartaginés.

Habiendo eliminado a Fabio y el uso de sus tácticas tan atípicas, los romanos decidieron intentar un enfoque diferente. Volvieron a los tipos de ataques que se habían utilizado contra Aníbal a su llegada inicial. Sin embargo, esta vez los romanos creían que estaban listos para la batalla, y esperaban que pudieran usar su gran fuerza para finalmente llevar al invasor al límite.

Los Disfraces del Comandante

El brillante líder militar sabía que él era un blanco para espías y asesinos romanos, y de ninguna manera era el líder estereotípico. No tenía miedo de correr grandes riesgos en las escaramuzas contra sus enemigos. Con Fabio persiguiéndolo constantemente, este podría haber sido el momento en que comenzara a adoptar un enfoque completamente único para que sus enemigos no pudieran identificarlo.

Algunos registros indican que Aníbal usaba pelucas y otros disfraces para que fuera imposible que los espías y asesinos atentaran contra su vida. También se dice que usaba sus disfraces poder deslizarse en territorio enemigo y obtener cualquier información que pudiera encontrar mientras se movía con su disfraz. Es muy probable que ambas teorías fueran ciertas porque Aníbal estaba increíblemente bien informado sobre los movimientos romanos y los estilos de liderazgo de sus generales. A menudo parecía que él adoptara sus planes de batalla para jugar con las debilidades y expectativas no solo de los militares romanos, sino incluso de generales específicos. Es casi seguro que pudo usar a gente que se creía que todavía estaba aliada con Roma como espías, pero se desconoce cuánto confiaba en ellos y la información que le dieron. Dado que Aníbal permaneció invicto más de quince años en territorio romano sin el apoyo de Cartago, y con su voluntad de completar el mismo tipo de tareas que requería de sus hombres, es muy posible que Aníbal penetrara las líneas enemigas de vez en cuando para saber qué información podía reunir y que él sentía que era más valiosa para sus necesidades.

El uso de disfraces alrededor de su campamento no solo dificultó que los espías y asesinos le hicieran daño, sino que también hizo casi imposible que los nuevos reclutas o incluso miembros más experimentados de su ejército lo identificaran fácilmente al verlo. Esto dio lugar a que cualquier información que los romanos tuvieran sobre su apariencia fuera completamente inexacta o inexistente. Esto hizo que fuera mucho más difícil para los romanos recopilar información similar sobre Aníbal y sus movimientos, como él pudo obtenerla de ellos.

Finalmente, Roma tuvo que cambiar sus tácticas para reflejar más de cerca los métodos de ataque de Aníbal porque él sabía cómo diezmar sus formaciones y tácticas habituales. Y sabían que nunca podrían compararse con Aníbal en términos de ingenio y astucia. El comandante cartaginés puede que fuera su enemigo, pero su capacidad de ser impredecible y constantemente victorioso en una guerra que se estaba llevando a cabo tan lejos de su tierra natal, hizo que les fuera igualmente imposible no respetarlo.

Capítulo 6 - Devastación Romana en Cannas

En el año 216 a. C., Roma todavía no era la potencia militar como la recordamos hoy. Los éxitos de la República romana eran mucho menores, y su mayor logro fue tomar el control de gran parte de la Italia moderna. Habían logrado extenderse por toda Europa continental hasta llegar a la España moderna, y como resultado de la Primera Guerra Púnica también habían ganado el control sobre gran parte del comercio mediterráneo, pero en ese momento aún era una potencia bastante nueva. No hay duda de que sus vecinos desconfiaban de Roma, pero la incursión de Aníbal en Italia estaba mostrando rápidamente las limitaciones del creciente poder.

Cuando se acercaba la primavera de 216 a. C., los romanos sintieron que finalmente era hora de eliminar la amenaza de sus puertas. Aníbal se había asentado en gran parte de su territorio, atacando pequeñas ciudades y pueblos para tomar lo que sus hombres necesitaban en términos de suministros y al mismo tiempo privando a los romanos de sus suministros tan necesarios. Permitirle que se quedara, era algo que los romanos simplemente no podían seguir tolerando. Después de las tácticas fallidas de Fabio, los líderes romanos estaban listos para una acción decisiva.

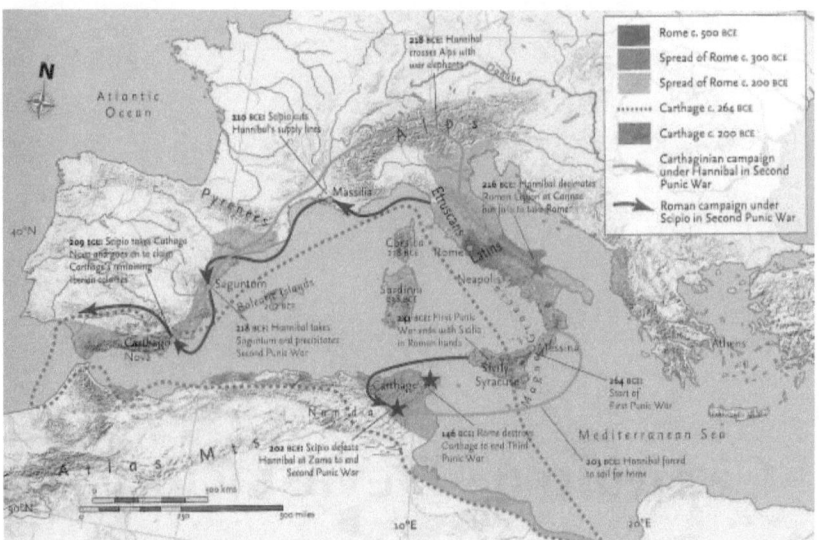

La Segunda Guerra Púnica
(Fuente: https://acidhistory.files.wordpress.com/2013/05/atlas-of-empires-peter-davidson.jpg?w=1254&h=826)

Preparativos Iniciales para un Combate más Grande

Desde la escaramuza inicial al comienzo de la invasión, el general romano Publio Cornelio Escipión había estado reuniendo sus tropas e incrementando las filas del ejército romano. Aníbal era un líder espectacular y un táctico astuto, y en cierto nivel, Escipión parecía reconocer esto. Así que, para contrarrestar la amplia experiencia de los cartagineses, Escipión dependía para ganar de tener un gran número de soldados. Después de su experiencia cercana a la muerte en el río Ticino en 218, Escipión había acumulado entre 80.000 y 100.000 tropas. En realidad, tenía que agradecer a Fabio por la gran cantidad de soldados a su disposición porque Fabio había minimizado la cantidad de muertes de militares al negarse a involucrar directamente a Aníbal en la batalla.

Ahora, Roma tenía números superiores bajo su mando. Algunos de los pueblos locales se habían pasado al bando de Aníbal, pero él no tenía los recursos para expandir su ejército como los tenía Escipión. Escipión contaba con el respaldo financiero de Roma, mientras que Aníbal seguía confiando en lo que podía obtener de la tierra para mantener a sus militares, y el reclutamiento de tropas era mucho más difícil.

A pesar de haber llevado a cabo algunos movimientos bastante brillantes, no había duda de que las fuerzas de Aníbal se estaban desgastando. Ahora con una fuerza que era lo suficientemente grande como para aplastar a Aníbal, Escipión y los romanos sintieron que finalmente podían enfrentar a los cartagineses en una batalla decisiva. Escipión movilizó sus fuerzas, planeando llevar la pelea hasta Aníbal. La ubicación de Aníbal estaba en la parte oriental de la Italia moderna, cerca de la ciudad de Cannas, y allí fue donde Escipión comenzó a marchar con sus fuerzas.

Sin embargo, una de las cosas que los romanos sabían con certeza era que Aníbal se estaba quedando sin grano y otros suministros. Necesitaba mudarse, y los romanos querían estar allí para evitar que Aníbal se atrincherara en otra parte. Hubo varias cosas que los romanos no tuvieron en cuenta al llevar a sus hombres a lo que creían que sería una victoria decisiva para deshacerse de los invasores. Su subestimación de las fuerzas de Aníbal pronto conduciría a una de las batallas más famosas de toda la historia europea (e incluso de la historia militar en general).

Comenzando con Desventajas Diferentes

Ambas partes estaban comenzando con una seria desventaja en un par de áreas en comparación con la otra parte. La diferencia principal era que un bando entendía dónde estaban sus debilidades, mientras que el otro no. Aníbal y sus hombres habían agotado los recursos en el área donde estaban acampados, y como no había ayuda de Cartago, Aníbal sabía que la única forma de obtener los suministros necesarios era encontrar un nuevo lugar para acampar. Por supuesto, podrían buscar comida, pero eso agotaría sus energías, y no había garantía de que pudieran obtener suficientes suministros para cubrir todas sus necesidades. La dispersión de los hombres por el campo también hizo que los cartagineses fueran más vulnerables a los ataques de los romanos. La reubicación era la mejor manera de asegurarse de que tendrían lo que necesitaban en términos de suministros y fortificaciones. Aníbal envió hombres para encontrar una nueva ubicación para establecer el campamento, y Cannas fue la solución que encontraron.

Cannas era una ciudad establecida en el sureste de Italia que albergaba grandes depósitos de granos que usaba el ejército romano. Como la ciudad ya estaba adaptada para uso militar, se ajustaba perfectamente a lo que Aníbal necesitaba. No solo tendrían los suministros necesarios, sino que, si también tenían el control de Cannas, Roma perdería una parte importante de sus propios recursos.

Los romanos sabían que Aníbal se dirigía a tomar la importante ciudad, y estaban decididos a detenerlo. Apuntaban a algo más que evitar que Aníbal obtuviera los suministros que él y sus hombres necesitaban; los romanos planeaban poner fin al terror que Aníbal había provocado en su república desde que descendiera de los Alpes. Mientras Escipión y sus hombres se dirigían a la región, los romanos continuaron usando tácticas similares a las que Fabio había utilizado para frenar a los cartagineses. Los romanos atacarían al grupo aislado de Aníbal y luego se retirarían en lugar de enfrentarse a sus adversarios cara a cara.

Frente a Sus Enemigos

Aníbal se enteró del plan romano para marchar contra él y sus fuerzas. Una vez que supo que los romanos finalmente estaban listos para encontrarse con él en una batalla abierta, el comandante cartaginés supo que necesitaba crear sus ventajas. Sus hombres estaban cansados después de luchar en una guerra de desgaste que los dejara con menos suministros y aún menos victorias. Aníbal también tenía una cantidad considerable de información sobre los generales romanos que iban a enfrentarse a él, lo que le dio muchas advertencias sobre los tipos de estrategias que probablemente se usarían contra él. Toda esta información se utilizó para planificar una campaña contra los romanos.

Debido a que sus fuerzas ya estaban cerca de Cannas, Aníbal seleccionó la posición de su ejército y las arregló a lo largo de las orillas occidentales cerca de la ciudad. Esto le permitió aprovechar al máximo su caballería de una manera que los romanos probablemente nunca anticiparon. Aníbal estableció a sus hombres en formaciones que les permitirían oponerse mejor a las fortalezas del otro. Debido a que muchas de sus unidades del ejército provenían de diversas regiones, por ejemplo, había una gran cantidad de gente de la península ibérica que había viajado con él, Aníbal se aseguró de crear una formación que permitiera a los diferentes grupos concentrarse en sus estilos de combate tradicionales. La formación final tenía la forma de una media luna que estacionaba a la infantería ligera (principalmente de combatientes españoles, celtas y numidianos) en el exterior y en el frente del ejército cartaginés para facilitar las maniobras. El centro estaba formado principalmente por infantería pesada, que incluía infantería española y celta y la mayor parte de los combatientes y mercenarios cartagineses. Aníbal estaría estacionado al lado del arco.

A su llegada, muchos de los romanos se dieron cuenta de la ventaja que tenía Aníbal en la ubicación que había elegido. Los generales romanos debatieron acerca de la situación para determinar si podían anular la ventaja, particularmente iniciando la batalla en otro lugar. Los romanos sintieron que, si se mudaban a un terreno más alto, podrían quitarle a Aníbal algo de ventaja. Finalmente, decidieron enfrentar a Aníbal donde estaban, otorgándole la ventaja del terreno porque sentían que tenían lo que necesitaban para destruir completamente sus fuerzas. Las fuerzas romanas se estacionaron siguiendo un patrón similar al de Aníbal, aunque más como una línea recta en comparación con el arco de las fuerzas de Aníbal.

Los romanos se involucraron en la lucha y comenzaron su marcha contra el enemigo más grande al que enfrentarían en los siguientes cien años, el 2 de agosto de 216 a. C. Escipión dirigió el primer asalto, y él y sus hombres fueron casi inmediatamente arrollados por la caballería ligera de los hombres de Aníbal. La lucha consistió principalmente en escaramuzas ligeras; era casi como si las dos partes se estuvieran probando para determinar las fortalezas y debilidades de cada uno. Si bien esto probablemente fuera necesario para los romanos, para Aníbal fue más una diversión. Un día después de la lucha inicial, los hombres de Aníbal cortaron la línea de suministro romana, haciendo que fuera casi imposible que las fuerzas del otro bando tuvieran acceso a agua potable. Como la batalla se llevó a cabo a mediados del verano italiano, este fue un duro golpe para el ejército romano.

Con la esperanza de recuperarse, la mayoría de la infantería romana se trasladó al otro lado de uno de los ríos cercanos, que le daba acceso al agua. Aníbal envió rápidamente a su infantería empuñando picas contra las tropas romanas. Esto hizo que fuera muy difícil para los romanos porque tenían que atravesar las picas antes de poder luchar contra los combatientes cartagineses. Dado que muchos de la infantería romana eran reclutas novatos, enfrentarse a las feroces fuerzas cartaginesas endurecidas por las batallas era más de lo que podían controlar. Fue una matanza que resultó en que Aníbal abriera una cuña en medio de las legiones romanas. Roma estaba ahora a la defensiva, algo que no habían anticipado cuando hicieron sus planes. Pero sentían que aún podían recuperarse porque sus números superiores les daban una ventaja mucho mayor. Tener una cuña en medio de la agrupación podría arreglarse rápidamente y luego volverse contra Aníbal si los romanos podían analizar rápidamente la situación y reaccionar frente a ella.

Antes de que los romanos tuvieran mucho tiempo para reaccionar y llenar la cuña, Aníbal indicó la retirada de su infantería. No iban a presionar a las tropas romanas, sino a retirarse para reagruparse. Al menos, así fue como los romanos leyeron la retirada. Al ver la oportunidad de ganar ventaja, los romanos dieron órdenes de perseguir al enemigo en retirada.

Esto era exactamente lo que Aníbal creyó que harían, y los estaba atrayendo a sus manos de una manera que los romanos no podían haber previsto. Aun creyendo que serían capaces de lograr una victoria decisiva basada solo en los números, los romanos debieron haber creído que el comandante cartaginés estaba reconociendo sus números superiores y estaba tratando de hacer retroceder a sus hombres para asegurarse de que perdiera la menor cantidad posible.

Los romanos persiguieron a las fuerzas cartaginesas en retirada a través de los campos que le daban ventaja al enemigo romano. Creyendo que se estaban enfrentando el tipo de lucha que ya habían visto tantas veces antes, los romanos avanzaron hacia las líneas cartaginesas. Los hombres de Aníbal comenzaron a retroceder, el arco se movió más en una línea similar a la posición romana, y luego el arco comenzó a formarse en el otro lado. A medida que la curvatura del arco cambiaba, los romanos empujaban más y más a la formación cartaginesa sin atacar a las tropas estacionadas al otro lado. La infantería ligera de Aníbal continuó atacando a la infantería ligera romana, rompiendo las formaciones romanas. Esto actuó como el cierre de una red cuando la infantería ligera comenzó a atacar la retaguardia de las fuerzas romanas mientras los romanos presionaban aún más en la línea de infantería pesada de las fuerzas cartaginesas.

Los romanos habían practicado con gran éxito su formación muchas veces contra sus enemigos. Típicamente, cuando el frente de su formación atravesaba las líneas enemigas, dividían al ejército en dos secciones, y los romanos rodeaban a los grupos divididos.

Sin embargo, esta fue exactamente la maniobra que Aníbal sabía que intentarían. El arco que había creado jugaba con las expectativas romanas. Cuando los romanos hicieron retroceder a los hombres de Aníbal, él supo que esperaban que la línea se rompiera. En cambio, los romanos entraron en una trampa de la que no podían escapar. Las líneas del frente no se rompían; simplemente se corrían, pero lo hacían de una manera en la que parecía que los romanos estaban progresando al tratar de romper la formación cartaginesa. La retaguardia de las fuerzas romanas continuó presionando hacia adelante cuando los hombres en el frente se dieron cuenta de que era una trampa. No había manera de correr la voz a la retaguardia de las líneas mientras los romanos continuaban avanzando, dejando al frente de las fuerzas romanas sin otro lugar adonde ir, sino aún más metidos en la trampa. La infantería ligera de Aníbal cerró cualquier ruta de escape romana.

El resultado del ingenioso juego de Aníbal con las expectativas romanas resultó en la pérdida de la mayoría de las fuerzas romanas. Se estima que solo 10.000 de los romanos que atacaron ese lograron escapar con vida. De las 44.000 muertes estimadas por los romanos, Aníbal solo perdió aproximadamente 6.000 hombres. Dos historiadores romanos estimaron que los romanos perdieron más de 67.000 hombres (Livio) y más de 85.000 (Polibio). Se desconoce el número exacto de bajas romanas, pero perdieron aproximadamente el 80% de su ejército durante la batalla.

Las Consecuencias de la Batalla en Cannas

La victoria decisiva que los romanos pensaban estaba casi garantizada se convirtió en la mayor derrota que hayan sufrido durante su larga historia, ya sea como república o como imperio. Se dice que la Batalla en Cannas fue la batalla más sangrienta en la historia occidental, y resultó en la pérdida de muchos varones romanos (se estima que entre una décima y una vigésima parte de todos los hombres de la República romana).

Después de la devastadora batalla, muchos de los líderes en el área se volvieron contra Roma y se pusieron del lado de Aníbal. Quizás la más notable de las nuevas alianzas se forjó entre Felipe V de Macedonia y Aníbal. Felipe V era el heredero de lo que quedaba del Imperio helenístico, que fue formado por el famoso líder militar, Alejandro Magno. Felipe V estaba convencido después de la Batalla de Cannas de que ni Roma ni Grecia serían la próxima gran potencia en Europa tras la brillantez militar mostrada por Aníbal. Ningún estratega militar podría compararse con el comandante cartaginés, y Alejandro Magno ya había demostrado antes lo que un brillante líder militar podía lograr.

Tras su catastrófica derrota en Cannas, los romanos se encontraron enfrentando pérdidas en múltiples frentes. Sus aliados ahora se estaban volviendo contra ellos. Las regiones que habían conquistado ahora estaban motivadas para atacarlos. Pero quizás la peor realidad era que Aníbal no estaba más cerca de abandonar Italia ahora que antes de que comenzara la batalla.

Desafortunadamente, las diferencias entre Aníbal y Alejandro Magno se hicieron más pronunciadas en los próximos años. Aníbal mantenía un código particular, y su lealtad siempre fue primero a Cartago. No asumiría el poder mediante golpes de estado o levantamientos militares. Por otro lado, Alejandro había guiado a su pueblo para no recibir órdenes de otros. A pesar de su astucia y habilidad, Aníbal todavía estaría confinado a su rol como líder militar, que estaba limitado por la gente que gobernaba Cartago. Las decisiones tomadas por el gobierno en Cartago afectaron sus habilidades. Y con el tiempo, un romano llegó a reconocer que esa lealtad era la mejor arma que podía usarse contra el líder cartaginés.

Cápitulo 7 – Más de una Década como Enemigo

Después de la decisiva victoria de Aníbal en Cannas, Roma sabía que no podía hacerle frente. Desde el momento en que él y sus hombres descendieron de los Alpes, Aníbal tenía ventaja sobre sus enemigos jurados. Sin embargo, también sabía que, sin el apoyo activo de Cartago, lo que había ganado eventualmente se perdería.

Después de la devastadora pérdida en Cannas, el Senado romano y el ejército sabían que habían sido superados. Incluso con los números superiores que tenían, simplemente no tenían la habilidad táctica para contrarrestar las brillantes maniobras de Aníbal. Durante más de una década, Roma tuvo su propia forma de "cuco" a sus puertas, siendo muy poco lo que podían hacer para detenerlo. Después de la devastadora pérdida en Cannas, pocos líderes militares de Roma estaban dispuestos a enfrentarlo, y eso significaba que Aníbal podía atrincherarse en tierras romanas. Llevaría tiempo pensar como Aníbal para derrotarlo.

Cartago Continúa Traicionando al Comandante de su Ejército

Desde el momento en que llegó a Roma, Aníbal siempre estaría calculando la mejor forma de causarles más problemas a los romanos. Su objetivo de atacar a Roma directamente era algo que siempre había tenido en mente lograr, pero sabía que, sin el apoyo de Cartago, no sería posible romper las fuertes fortificaciones de la ciudad de Roma.

Inmediatamente después de la Batalla de Cannas, Aníbal nuevamente buscó el apoyo de los líderes políticos cartagineses. Sabiendo que estaba a punto de destruir por completo a los romanos, esperaba que le proporcionaran el equipo de asedio necesario y las tropas adicionales necesarias para abrir una brecha en los muros e infiltrarse en las fortificaciones romanas. Aunque había perdido muchos menos hombres que los romanos, no podía esperar ganar sin el respaldo de la gente por la que luchaba tan lejos de su tierra natal. Enfrentar a los romanos detrás de sus muros era un riesgo calculado que sabía que no estaba a su favor. Podía burlarlos en el campo de batalla, pero no podía hacer movimientos tan audaces contra las fuertes fortificaciones de Roma. Sus hombres también estaban cansados y necesitaban algún tipo de estímulo moral que les podrían traer armas y personal adicional. Cuando uno de sus generales cuestionó a Aníbal, diciendo que sabía cómo pelear en el campo, pero que no sabía cómo presionar con ventaja o seguimiento, Aníbal ignoró al general. No lanzaría a sus hombres a una pelea que no creía que pudieran ganar. El líder cartaginés quizás no buscara victorias fáciles, pero no estaba dispuesto a correr riesgos con sus hombres cuando sabía que las probabilidades de éxito eran escasas. También ya se había extendido al límite porque tenía hombres dispersos en muchas de las áreas fuera de Roma. Mantener estas áreas bajo su control mientras se movía hacia el centro de sus enemigos era más de lo que podía controlar sin apoyo adicional.

En un intento por obtener el apoyo que sabía que era necesario para la victoria total, Aníbal decidió que su hermano Mago regresara a Cartago con la noticia de su impresionante victoria y algo más, para convencer a los políticos de que le enviaran apoyo adicional. Mago también viajó acompañado por un pequeño grupo de hombres para hablar sobre recibir apoyo adicional de Cartago.

Cuando llegó, Mago se dirigió al Consejo cartaginés para informarle sobre la decisiva victoria que Aníbal había logrado en la importante ciudad de Cannas. Para enfatizar cuán exitosos habían sido los ataques alrededor de Roma, ofreció a los concejales un saco con miles de anillos de oro que habían sido tomados de los romanos que habían matado en el campo de batalla durante el enfrentamiento. Esto tenía la intención de mostrarle al consejo cuán efectivo había sido Aníbal porque pudieron llenar un gran saco con los anillos de sus enemigos, y esos anillos de oro pagarían fácilmente más apoyo. El Consejo quedó impresionado con la demostración de destreza militar, o, quizás con mayor precisión, quedó impresionado con el flujo de riqueza que se había logrado sin que tuvieran que mover un dedo. Para los miembros del Consejo cartaginés, parecía ser poco más que una confirmación de que Aníbal no necesitaba su apoyo para tener éxito. Aceptaron el regalo de nuevas riquezas, pero se negaron a proporcionar apoyo adicional a Aníbal y sus fuerzas.

Nuevamente, el Consejo cartaginés intentaba jugar en ambos bandos. No entendían al ejército ni el arte de conducir la guerra, y ya habían demostrado que no pelearían contra un enemigo, por lo que decidieron que su mejor movimiento era continuar separados de los esfuerzos militares de su ejército. Si Aníbal ganaba, ya había demostrado cuánta riqueza ganaría Cartago con su presencia en Roma. Ominosamente, los miembros del Consejo también creían que, si finalmente Aníbal fracasaba, y Mago les señaló que el fracaso podía ocurrir sin su apoyo, el Consejo pensó que podrían alegar la incapacidad para controlar a Aníbal, haciéndolo parecer más como un líder militar fuera de control. Su temor a las represalias por parte de Roma superaba con creces la impresionante muestra de destreza militar, y el incansable Consejo cartaginés se negó a proporcionar asistencia a su brillante líder. Su esperanza de salvarse si Aníbal fallaba les impedía ver los problemas obvios de este plan, pero no tenían la previsión necesaria, ni tampoco tenían conocimiento alguno de la guerra como para tomar una decisión responsable.

Finalmente, Aníbal no pudo ganar su lucha contra los romanos que odiaba. Tenía la inteligencia necesaria, podía infundir lealtad en mercenarios y poseía una destreza política que volvía a los aliados unos contra otros. Lo único que le faltaba era el apoyo del gobierno de Cartago, y eso fue lo que finalmente lo llevó a la ruina. A pesar de la falta de apoyo de Cartago a Aníbal, fue completamente leal a la gente de Cartago. Esto fue algo de lo que un líder romano finalmente se daría cuenta y lo usaría contra Aníbal.

Es quizás una de las mayores ironías de la historia europea. Todo lo que habría requerido cambiar completamente el curso de la historia europea habría sido que los líderes del Consejo cartaginés ofrecieran el apoyo tan necesario a su brillante líder militar, y el Imperio romano nunca hubiera existido. El Imperio cartaginés habría dictado la historia de la Europa continental en lugar de que los romanos controlaran el norte de África. Fue un giro cruel del destino que provocó que el país que Aníbal amaba le fallaba, ya que estaba a punto de llevarlos de vuelta al borde del colapso.

Aceptación y Planificación de un Compromiso Prolongado

Aníbal estaba decepcionado cuando su hermano regresó sin ningún apoyo adicional de Cartago. Sin embargo, es probable que no hubiera sido una sorpresa total. El consejo le había hecho exactamente lo mismo a su padre durante la Primera Guerra Púnica, y el tiempo transcurrido obviamente no los había hecho más sabios. El líder militar cartaginés sabía que los políticos no podían entender nada que no enriqueciera sus bolsillos sin ningún riesgo de perder ellos. Esta es probablemente la razón por la que decidió implementar otra estrategia. Quizás Aníbal no podía tomar Roma directamente, pero ya había avanzado considerablemente hacia el establecimiento de nuevas alianzas con muchos de los líderes de Europa. Si no podía obtener el apoyo del gobierno de su país, necesitaba otra forma de suministrar y apoyar a sus hombres. No dispuesto a regresar simplemente a su tierra derrotado, comenzó a reclutar activamente tropas de entre sus aliados y a crear una base desde la cual podía dirigir a sus hombres. Este nuevo lugar debía hacer las veces de un campo de entrenamiento y un área segura para aquellos que luchaban bajo su estandarte.

El alcance de Aníbal se extendió a los territorios del sur de Roma (ahora la Italia moderna). Dado que el hogar de los militares cartagineses estaba en el norte de África a lo largo de las costas del mar Mediterráneo, era preferible establecer una base en el clima más cálido del sur de Italia que tener una base en el clima más frío del norte de Italia. La ciudad de Capua estaba ubicada lo suficientemente lejos de Roma como para que los romanos la protegieran adecuadamente, haciendo que la ciudad fuera increíblemente vulnerable a las fuerzas de Aníbal. Sabiendo que no tenían ninguna posibilidad contra el hombre que había arrasado con el ejército romano, la gente de Capua estaba más que dispuesta a escuchar las sugerencias de Aníbal. Inicialmente, los ciudadanos de Capua se escondieron detrás de sus fortificaciones a medida que Aníbal se acercaba, esperando cualquier señal de Roma de que protegerían la ciudad. La respuesta de Roma a la solicitud de apoyo de Capua fue insistir en que la ciudad proporcionara más hombres para el ejército romano, junto con grano extra para abastecer a las legiones romanas.

Este fue obviamente el punto de ruptura para la gente de Capua. Cuando se enfrentaron a un líder carismático que les ofrecía apoyo si dejaban que sus militares entraran a la ciudad, la gente estaba más que feliz de abandonar el bando de los romanos, que habían respondido a su solicitud de ayuda con demandas de apoyo. Capua sintió que era mucho mejor estar bajo el mando honesto y directo de Aníbal que del gobierno de la intrincada dirección romana.

Roma sabía que no podían enfrentar a Aníbal y a los ciudadanos de Capua después de que desertaran, pero podían monitorear de cerca las actividades en la región. Enviando ocho legiones al área, los romanos siguieron de cerca los movimientos de Aníbal y sus hombres y los cambios que se hicieron en la ciudad. Temiendo que Aníbal estuviera trabajando para crear un ejército lo suficientemente grande como para atacar a Roma, el ejército romano mantuvo tropas a lo largo de todos los caminos que conducían a Capua. Les llevó un tiempo darse cuenta de que Aníbal no estaba haciendo ningún preparativo para retomar el campo contra Roma. Dado que el liderazgo romano estaba desperdiciando a sus militares en la protección de carreteras que finalmente no lo requerían, los romanos perdieron mucho tiempo entrenando a un ejército que podría haberles servido mejor.

Una vez que los romanos finalmente se dieron cuenta de que Aníbal no estaba diseñando ningún plan para atacar a Roma, tomaron conciencia de que se trataba simplemente de una guerra de desgaste, siempre que Roma pudiera cortar los suministros a Capua. Fue un camino lento y constante que hoy parece completamente no romano, pero era la única opción real que tenía la república. A Roma se le había mostrado repetidamente que no podían enfrentarse al general cartaginés de frente, por lo que fueron relegados a hostigar y desgarrar sus números para finalmente expulsarlo de Europa. Para el año 211 a. C., los romanos comenzaron a ver signos de fatiga y grietas en el ejército de Aníbal, ya que no recibió ningún apoyo de Cartago. Sin embargo, solo eran grietas, porque Aníbal todavía podía inspirar a sus hombres y disuadir a los romanos de subestimarlo nuevamente.

Después de más de una década de guerra, quedó claro para los romanos que iban a necesitar algo más creativo para finalmente expulsar a Aníbal de Europa. Incluso sin el apoyo de su tierra natal, Aníbal tenía muchos aliados en Europa y todavía tenía la lealtad de sus hombres.

Fue el hijo de Escipión quien finalmente se dio cuenta de la mejor manera de expulsar a Aníbal de los territorios romanos. Después de haber sido uno de los pocos soldados romanos que sobreviviera a la masacre de Cannas, Escipión el Africano había subido de rango y ahora tenía la brillante idea de cómo atacar a Aníbal.

Sobreviviendo a Aníbal

Roma no solo había estado intentando eliminar a Aníbal de sus territorios; había estado tratando de derrotar a los soldados cartagineses en toda Europa, incluidos los territorios que Aníbal había consolidado bajo el control cartaginés en la península ibérica. El general que había saludado a Aníbal después de cruzar los Alpes, Publio Cornelio Escipión, había muerto luchando contra Asdrúbal, el cuñado de Aníbal, en la España moderna en el año 211 a. C. Varios notables generales romanos habían muerto luchando lejos del hogar. El hijo de Escipión, Escipión el Africano, tenía solo 24 años cuando el Senado romano les pidió a los generales restantes que defendieran a Roma de Aníbal después del desastre que fuera la Batalla en Cannas. Escipión el Africano fue el único general que aceptó el desafío.

Cuando Escipión el Africano se enfrentó a Aníbal en el 208, tenía aproximadamente 11.000 hombres, pero no estaba buscando pelear contra Aníbal en Europa. Por el contrario, Escipión se marchó a la península ibérica para luchar contra las fuerzas que ya habían matado a tantas tropas romanas. En comparación con enfrentar a Aníbal directamente, esto parecía una forma indirecta de convencer al legendario líder de los territorios romanos. Escipión ahora tenía una ventaja que los otros generales romanos no tenían. Había estado presente en el campo de batalla durante el primer enfrentamiento entre romanos y cartagineses en los territorios del norte de Roma. Había podido presenciar de primera mano cómo Aníbal había burlado a Fabio cuando Aníbal estaba teniendo problemas y cómo el líder cartaginés había logrado conseguir una victoria imposible con relativa facilidad en la Batalla de Cannas.

El primer objetivo de Escipión fue detener cualquier apoyo militar adicional de la península ibérica. Asdrúbal todavía tenía las tierras que los cartagineses habían tomado, y eso significaba que Asdrúbal y sus hombres ya estaban al límite por el apoyo que habían enviado a Aníbal. El primer objetivo de Escipión fue la ciudad de Cartago Nova (ahora Cartagena, España). Las victorias de Escipión reflejaron muchas de las victorias de Aníbal durante su primer año en tierras romanas. El general romano incluso logró una victoria que reflejaba las tácticas de Aníbal en Cannas. Durante la Batalla de Baecula en el 208 a. C., Escipión pudo derrotar al cuñado de Aníbal, Asdrúbal.

Aunque no era tan ingenioso como Aníbal cuando se trataba de tácticas, Asdrúbal sabía leer una situación militar. Así como los romanos sabían después de Cannas que no podían luchar contra Aníbal directamente, Asdrúbal sabía que con lo que quedaba de su ejército después de la batalla no podía enfrentar a Escipión y sus fuerzas. Decidió que el mejor curso de acción era reunirse con su cuñado en Italia, uniendo sus fuerzas en un esfuerzo para finalmente aplastar a Roma.

Asdrúbal Barca hizo su última aparición en el año 207 a. C. en la Batalla del Metauro (en Italia) contra Cayo Claudio Nerón. El cuñado de Aníbal intentó comunicarse con Aníbal para informarle sobre la pérdida de los territorios en la península. Nunca llegó junto a su cuñado, y su ejército se dispersó. Nerón se enteró de la ubicación de Asdrúbal y de su intento de comunicarse con Aníbal y su ejército. Aunque el general romano había estado luchando contra Aníbal, llevó a sus hombres al norte para luchar contra Asdrúbal. Aníbal se enteró de la derrota de su cuñado cuando los romanos arrojaron la cabeza de Asdrúbal a un centinela cartaginés.

Sabiendo que no podía regresar y enfrentar a Aníbal y sus fuerzas en Roma, Escipión Africano usó sus victorias en la península ibérica para solicitar apoyo adicional del Senado romano. Aníbal había llevado la pelea directamente a Roma, pero nunca había recibido el apoyo de su ciudad natal de Cartago. Escipión decidió averiguar si Aníbal era más leal a su gente de lo que lo habían sido a él. Al igual que el plan de Aníbal, el plan de Escipión se basó en el apoyo del gobierno y, al igual que el Consejo cartaginés, el Senado romano se negó a proporcionarle apoyo adicional a Escipión. Esto se produjo a pesar del hecho de que Escipión había sido el único líder militar romano que acordó tratar de expulsar a Aníbal y a pesar de las victorias de Escipión que llevaron a la muerte de uno de los hermanos de Aníbal.

A diferencia de Aníbal, Escipión no estaba dispuesto a permitir que su gobierno obstaculizara los avances que había hecho en el campo de batalla. Cuando el Senado romano no lo proveyó, Escipión decidió avergonzarlos públicamente apelando directamente a los ciudadanos romanos. Reclutó gente para su ejército y solicitó el apoyo financiero del pueblo hasta que el Senado romano no tuvo más remedio que ceder a su solicitud. A Escipión se le otorgó el mando sobre Sicilia para que tuviera un ejército bien provisto para comenzar una invasión de Cartago.

Aníbal ignoraba por completo la pérdida de los territorios cartagineses en la península ibérica; solo sabía que su cuñado había sido asesinado. Su genio en el campo de batalla fue obstaculizado por la falta de voluntad de los generales romanos de enfrentarlo directamente, con la excepción de algunos compromisos extraordinarios. Aníbal siempre ganaba los enfrentamientos, pero con tan pocas victorias decisivas y sin el apoyo de Cartago, los aliados romanos dejaron de pasarse a su bando. Aníbal desconocía por completo las acciones de Escipión en África, y no tenía idea de que todo su arduo trabajo se habría deshecho en unos pocos años cuando el Consejo cartaginés lo restituyó al norte de África.

Capítulo 8 - Derrotando a Aníbal

Escipión había pasado años observando a Aníbal y aprendiendo qué tipo de tácticas usaría el hombre. El legendario líder militar a menudo hacía lo imposible, pero tenía métodos para tomar las decisiones. Escipión sabía que debía tener una debilidad, y el líder romano estaba dispuesto a jugar de la misma manera que Aníbal lo hacía. Para vencer a alguien con tanta confianza e inteligencia, era absolutamente esencial ponerlo a la defensiva. Hasta ese momento, los riesgos habían sido mucho mayores para los romanos que para Aníbal.

Escipión asumía una serie de riesgos enormes en su esfuerzo por alejar a Aníbal de Roma. Quizás el mayor riesgo fuera que al atacar la casa de Aníbal, Escipión finalmente estaba obligando al cobarde consejo a respaldar al comandante si Aníbal regresaba. Esto entrañaría finalmente enfrentar a Aníbal con nuevos suministros y recursos. Era una apuesta que Escipión sabía que tendría que aprovechar al máximo, y eso significaba emplear tácticas que Aníbal no esperaría. También planeaba destruir tantos recursos existentes como pudiera antes de la llegada de Aníbal.

Forjando una Nueva Alianza y una Posición Establecida en África

Una de las primeras acciones de Escipión al llegar al norte de África fue aliar a su ejército con un vecino de Cartago. El genio de Aníbal en Roma hacía mucho tiempo que se había vuelto menos imponente porque no había hecho ningún progreso adicional en la destrucción de los romanos. Ahora Roma parecía haber enviado uno de los suyos contra Cartago. Esta era una señal de que las cosas iban mal para Aníbal. En el 205 a. C. el rey numidiano, Masinisa, estaba más que dispuesto a alinear a su país con Escipión.

Con el respaldo de alguien en África, ahora Escipión tenía una base desde la cual podía trabajar. Sicilia todavía podría funcionar como base, pero sería más fácil enfrentar a Aníbal desde tierra que tener que cruzar el Mediterráneo cuando se necesitaran suministros y refuerzos.

Además, al igual que Aníbal, Escipión optó por no atacar directamente la capital fortificada. Después de tomar la ciudad cartaginesa de Utica, Escipión no estaba dispuesto a atacar la capital. Sus razones para evitar un ataque directo probablemente fueron el resultado de un intento romano anterior de tomar la ciudad directamente. Durante la Primera Guerra Púnica, el general Regulus había tratado de terminar la guerra tomando Cartago. Fracasó y fue torturado por sus enemigos. Tomando una ciudad cercana, Escipión podría establecer una presencia segura y amenazar a Cartago, de forma similar a la que Aníbal había estado amenazando a Roma durante más de una década.

Utica no era una ciudad fácil de someter. Se determinó que un asedio era la mejor manera de quebrar su voluntad de luchar, pero cuarenta días después de que comenzara el asedio, llegaron refuerzos para ayudar a Utica. Batiéndose en retirada más arriba de la costa, Escipión acampó en el norte mientras aguardaba el invierno. Se esperaba que llegaran más refuerzos y recursos desde Sicilia.

En un esfuerzo por dar una falsa sensación de seguridad en Cartago, Escipión inició conversaciones de paz con el Consejo cartaginés. Es posible que Escipión supusiera cuán cobarde era el gobierno porque en lugar de brindarle apoyo, habían seguido dejando a Aníbal sin ninguna ayuda. Tampoco hay duda de que él sabía que la Primera Guerra Púnica se ganó precisamente porque se rindió Cartago y no porque los romanos lograran tener una victoria decisiva. Creía con razón que los cartagineses en el poder aprovecharían la oportunidad de hacer las paces con el enemigo que se encontraba tan cerca de la ciudad. La disposición de Cartago a aceptar la paz, incluso antes de que ocurriera cualquier batalla importante, le dio a Escipión varias ventajas que de otro modo no habría tenido. Primero, usó las negociaciones de paz como una forma de asegurarse de que no hubiera peleas mientras esperaba tanto apoyo como fuera necesario para hacer su próximo movimiento. En segundo lugar, significaba que Aníbal no sería convocado antes de que se entregaran los suministros. Finalmente, envió a algunos de sus mejores soldados a Cartago bajo la apariencia de embajadores que trabajaron para negociar la paz. Pudieron usar su tiempo trabajando en las negociaciones para obtener más información y realizar reconocimientos sobre la ciudad y sus alrededores. A partir de este reconocimiento, Escipión se enteró de que los campamentos cartagineses estaban hechos principalmente de materiales que podían incendiarse fácilmente.

Juntos, Escipión y Masinisa pudieron capturar la ciudad de Utica en la primavera de 203 a. C., que formaba parte del territorio cartaginés. Esto lo ubicó a Escipión muy cerca de Cartago. Al igual que Aníbal quince años antes, Escipión comenzó una marcha hacia el corazón del imperio: se dirigía a la casa de Aníbal en Cartago.

El Regreso de Aníbal

Al enterarse de que Roma no solo había llegado a sus tierras, sino que había tomado una de sus ciudades, el Consejo cartaginés convocó nuevamente a Aníbal a cruzar el Mediterráneo para protegerlos. En el año 202 a. C., Aníbal finalmente regresó a Cartago por primera vez en más de quince años. A pesar de haber pasado la mayor parte de su vida lejos de Cartago, todavía era el hogar del comandante, y él era mucho más leal a ellos de lo que el liderazgo había sido con él. Lo saludaron los fuegos que Escipión había iniciado en los muchos campamentos. El regreso de Aníbal al hogar fue agridulce, ya que ahora este estaba en llamas.

Después de tantos años de luchar en Roma, muchos de los hombres de Aníbal estaban exhaustos. La aplastante derrota de los romanos en Cannas esencialmente aseguró que, si se podía evitar, no lucharían contra Aníbal de frente. Solo había habido unas pocas victorias decisivas desde esa batalla, aunque los romanos habían implementado con éxito las estrategias de Fabio durante gran parte del tiempo que Aníbal estuvo en Roma. La guerra de guerrillas que usaron los romanos significaba que los militares cartagineses volvían agotados, y no se les daba tiempo para descansar después del regreso. Peor aún, Escipión se había asegurado de que no hubiera fuerzas suficientes para ayudar a reconstruir el ejército cartaginés una vez que Aníbal llegara al norte de África. Sabiendo que las probabilidades estaban en su contra, Aníbal probablemente estaba dispuesto a tomar decisiones que nunca hubiera considerado quince años antes.

Inicialmente, Aníbal había tratado de negociar la paz porque no sabía que Escipión ya había usado esa táctica contra Cartago. La idea fue de Escipión, y el hecho de que Aníbal estuviera dispuesto a reunirse con los romanos demostró cuán molesto debía estar por lo que encontró al regresar a casa. Cuando las negociaciones fracasaron (como ambas partes sabían que pasaría), los dos comandantes comenzaron a prepararse para la guerra. Debido a que Aníbal había acordado negociar, los suministros y recursos adicionales de Escipión llegaron a tiempo para ser utilizados en la batalla.

Sin embargo, Escipión había tenido razón en que acercar la pelea a su hogar pondría a Aníbal en desventaja, ya que el legendario líder tenía más probabilidades de cometer errores debido a los sentimientos que lo embargarían. Los dos líderes se reunieron en el

202 a. C. en Zama (cerca de la actual Siliana, Túnez). Esta vez, Aníbal se enfrentaba a un líder militar que lo había estado estudiando de la misma manera que el cartaginés había estudiado a los líderes romanos. Después de haber podido estudiar a Aníbal durante años, Escipión tenía una clara ventaja tanto en cómo reaccionaría Aníbal como en la mejor manera de hostigarlo tan cerca del hogar. Aníbal no tenía la misma oportunidad de estudiar a Escipión porque Escipión tenía solo 24 años cuando se ofreció para enfrentarse a Aníbal. Una vez que se convirtiera en el líder romano contra el comandante cartaginés, Escipión abandonó el área y luchó en otro lugar. De modo que Aníbal nunca tuvo la oportunidad de estudiar al joven y decidido romano, y solo tenía unos pocos datos sobre el líder contrario. Aníbal sabía que Escipión el Africano era el hijo del Escipión que Aníbal había enfrentado quince años antes, lo que no significaba necesariamente que tuviera las mismas tácticas (Aníbal había modificado las tácticas de su padre y se había diversificado). El comandante cartaginés también sabía que el líder romano era joven, pero que aún había logrado ganar contra el más experimentado Asdrúbal, expulsándolo de la península ibérica. Esto quería decir que Escipión era inteligente, pero como Aníbal no pudo hablar con su cuñado, no había manera de que él supiera cómo el joven Escipión había logrado asestarle un revés tan poco probable.

Escipión el Africano sabía que llevaba la ventaja, y ahora que se enfrentaba a Aníbal, sabía que el cartaginés esperaría que los romanos siguieran un patrón de ataque similar al que Aníbal había encontrado en Roma. Escipión jugó con esta probable expectativa, estableciendo una formación con sus hombres en Zama que se ajustaba a la formación romana típica.

Aníbal actuó tal como lo había predicho Escipión, atacando con los terroríficos elefantes que no había podido usar mientras estaba en Roma. Los elefantes estaban destinados a romper el frente de la formación de Escipión, pero lo que Escipión había hecho era crear la apariencia de una línea de frente. Mientras los elefantes cargaban, las primeras filas se hicieron a un lado, dejando al descubierto una formación completamente diferente que tenía a los romanos alineados más como pasillos. Los elefantes se movieron por estos pasillos, convirtiendo a los jinetes en un blanco fácil para los muchos romanos a ambos lados. Una vez que mataron a los jinetes, los romanos usaron cuernos para aterrorizar a los grandes mamíferos, llevándolos de regreso hacia los cartagineses. Sin jinetes, los elefantes se estrellaron contra los hombres de Aníbal. Las caballerías romanas siguieron a los elefantes, matando a la infantería cartaginesa que había logrado sobrevivir contra los furiosos elefantes.

Sabiéndose derrotado, Aníbal se rindió. En comparación con los 2.500 soldados romanos que habían perecido, los cartagineses habían perdido más de 20.000 hombres.

Los Términos de la Derrota

El joven comandante que se había atrevido a cruzar los Alpes quince años atrás ya tenía más de 40 años. Se le había apartado para luchar contra los romanos, y ningún éxito en Europa convencería a su gobierno de que lo apoyara. Cuando los romanos cambiaron las tornas, atacando su hogar, ese mismo gobierno había hecho la victoria casi imposible. La devastación de su hogar después de haber estado fuera durante tanto tiempo probablemente tuvo un efecto increíblemente perjudicial en su psique. Sus intentos de salvar a Cartago fueron más desesperados, mostrando poco o nada de la ingeniosa planificación que había mostrado en Europa.

Escipión el Africano había aprendido bien de los años de las incursiones de Aníbal en Roma. Como alumno apto, fue capaz de usar tácticas sorprendentes una vez que Aníbal estuvo desesperado. Era algo que ningún otro romano había logrado conseguir porque habían obstinadamente mantenido sus estrategias habituales.

Después de una derrota tan devastadora en su país de origen, Aníbal perdió toda la reputación que se había ganado como genio militar en Cartago. Tuvo que abandonar el ejército como parte de los términos de la rendición. Escipión agregó un insulto más a la aplastante derrota al obligar a Cartago a aceptar que a cambio de mantener sus territorios en el norte de África, no se le permitiría reunir un ejército para protegerla. Habiendo perdido ante Roma, no se les permitiría librar más guerras, ni siquiera para proteger sus propios territorios. Esto efectivamente convirtió a Cartago en un protectorado de la República romana, ya que proteger sus territorios ahora requería de soldados romanos. Cada ataque de los vecinos afectaría un poco más al antiguo Imperio cartaginés, y Roma tendría que ser quien defendiera esas fronteras. Claramente, no tenían interés en proteger Cartago porque oficialmente no era parte de Roma.

El golpe final a Cartago después de esta gran pérdida fue que Cartago tendría que pagar tributos a Roma. Esto no solo les haría imposible defenderse militarmente, sino que Cartago también quedaría paralizado financieramente debido a los pagos que tendrían que hacer. Toda la prosperidad que una vez definiera la ciudad drenaría en la economía romana.

El resultado final fue un pueblo que estaba descontento sin un recurso obvio sobre cómo restaurar su imperio. La cobardía de los principales políticos y su disposición a hacer cualquier cosa para garantizar su seguridad personal y estabilidad financiera a costa del pueblo harían que la ciudad fuera proclive a un cambio. Ahora que la carrera militar de Aníbal había terminado, necesitaba un nuevo propósito y una nueva carrera. Estos dos cambios en la vida de Aníbal daban cierta esperanza al imperio que alguna vez fue grandioso, que posiblemente podría ser restaurado a su antigua gloria. Después de todo, Escipión no dañó la ciudad de Cartago, por lo que todas sus fortificaciones aún estaban intactas. El líder adecuado en el momento adecuado podría cambiar el futuro de Cartago para mejor.

Capítulo 9 – Uso de la Política para Restablecer el Prestigio de Cartago y una Traición Final

Desde los nueve años, Aníbal había dedicado su vida a Cartago y a derrotar el creciente poder de Roma. Cuando era joven, había logrado derrotar a la república, pero el imperio al que servía ya estaba en decadencia. Después de que finalmente terminara la Segunda Guerra Púnica en el 202 a. C., Aníbal necesitaba un nuevo propósito, y estaba muy claro dónde se podía utilizar mejor su conocimiento. No dispuesto a tomar el control de la forma en que Julio César lo haría más de 150 años después, Aníbal decidió tratar de restaurar su hogar a su antigua gloria utilizando un método más tradicional. El gobierno le había fallado cuando estuvo a punto de lograr una victoria inimaginable que habría destruido al único poder que en ese momento amenazaba a Cartago. Estaba claro que el problema con Cartago residía en la gente en el poder.

La educación de Aníbal no había sido estrictamente de naturaleza militar. Procedente de una poderosa familia, su educación había incluido mucho trabajo en política, literatura y liderazgo. El carisma que había demostrado en Roma para ganar aliados a su lado podría usarse para que el pueblo de Cartago estuviera de su lado. Ahora que no podía atacar a Roma directamente, Aníbal decidió que su futuro consistía en trabajar para que Cartago volviera a ser el poderoso imperio que alguna vez había sido.

Cambiar la Espada por la Pluma

Si alguna vez ha habido una encarnación humana del dicho "la pluma es más poderosa que la espada", Aníbal sería esa encarnación. Su destreza militar no tenía rival a pesar de su derrota, lo que le valió el respeto del hombre que lo había derribado. Esto entraría nuevamente en juego más tarde, pero inmediatamente después de la decisiva victoria de Roma fuera de Cartago, Escipión se contentó con saber que Aníbal no podía liderar el ejército cartaginés. Aunque Aníbal era astuto, Escipión el Africano sabía que no iría en contra de las demandas de Cartago, y eso significaba que ya no era una amenaza militar para Roma.

Cuando se vio obligado a retirarse de la vida militar, Aníbal tenía 46 años. Incluso hoy algunas personas creen que cambiar de carrera a esa edad es imposible. Durante el tiempo de Aníbal, 46 años era la máxima esperanza de vida de una persona. Pero Aníbal no era el tipo de hombre que simplemente se rendiría, especialmente cuando podía ver dónde su inteligencia podía ayudar a resolver muchos de los problemas del pueblo que amaba. La gente en el poder no solo lo estaban traicionando, sino también al pueblo que debían proteger.

La corrupción que plagaba el cuerpo legislativo fue una lucha a la que Aníbal estaba ansioso por dedicar su atención y que estaba dispuesto a librar. Esperaba devolver a la legislatura respeto que una vez mereció del pueblo.

La plataforma de Aníbal cuando se postula como candidato para la legislatura ya existía aun desde antes del Imperio cartaginés y continúa hoy. Prometió que, si era elegido para el cargo, comenzaría a limpiar el cuerpo legislativo. Su objetivo era hacer que el cuerpo legislativo fuera más eficiente, así como proporcionar un mayor apoyo al pueblo y aliviar el dolor que sufriría bajo los términos de rendición con Roma. Sabiendo que Roma esperaba destruir a Cartago financieramente, Aníbal comenzó a buscar formas de proporcionarle estabilidad financiera frente a los onerosos pagos que exigía Roma.

Si bien finalmente había perdido contra los romanos, la gente no parecía culpar a Aníbal por lo que había sucedido. Sabiendo que era apasionado e inteligente, el pueblo votó abrumadoramente por el famoso líder militar como su magistrado en jefe, con la esperanza de que él pudiera proporcionar el mismo tipo de brillantez para limpiar el gobierno que demostró al enfrentar a los romanos.

Tan pronto como asumió el cargo, Aníbal comenzó a implementar cambios. Lo primero que logró fue reformar el Consejo cartaginés (el mismo que lo había socavado tanto a él como a su padre durante sus luchas contra los romanos). La reforma se llamó Cientos y Cuatro, y requería que todas las posiciones en el consejo fueran elegidas directamente por el pueblo, no por ningún tipo de decisión o acuerdo por cooptación que hubiera instalado a miembros sin la elección del pueblo. Este cambio pronto se agravaría cuando Aníbal ayudara a imponer límites al mandato a los miembros del consejo. Las elecciones se celebrarían anualmente para garantizar que se llenasen los escaños, lo que significaba que los miembros del consejo que habían detentado sus cargos durante décadas ya no podrían mantener el poder del que estaban abusando. Pronto, muchos de los miembros del consejo que habían usado su poder para prosperar y corromper fueron expulsados de sus posiciones de larga data o se vieron obligados a abandonarlas debido a las nuevas restricciones de los plazos.

Con los cambios en el cuerpo legislativo ya en vigencia, Aníbal se centró en trabajar para aliviar el estrés de la indemnización de guerra que debía pagarse a Roma. Esto implicaba hacer cambios sustanciales en el sistema. Habiendo cambiado el Consejo, fue más fácil asumir la corrupción del sistema, aunque fue mucho más difícil implementar los cambios. Tras los cambios, la malversación de fondos se detuvo casi por completo, y finalmente se recaudaron los impuestos impagos.

Estos cambios por sí solos permitieron a Cartago pagar la indemnización sin tener que aumentar los impuestos sobre el pueblo. Además de cambiar el sistema, Aníbal hizo uso de los soldados que sirvieron bajo sus órdenes, entrenándolos como agricultores para aumentar la producción agrícola de Cartago.

Al igual que en los primeros días de la Segunda Guerra Púnica, los esfuerzos de Aníbal rápidamente dieron sus frutos, ayudando al pueblo cartaginés a prosperar, a pesar de los intentos de Roma por paralizarlos. Escipión podría haber terminado la Segunda Guerra Púnica en el 202 a. C., pero en 191 a. C., los cambios de Aníbal habían permitido a Cartago pagar por completo la indemnización que debía pagarse durante cuarenta años. Lamentablemente, Roma se negó a aceptar el pago de la suma total.

Desafortunado también fue el hecho de que Aníbal mismo estuviera sujeto a los límites de los plazos. Siete años después de su derrota en Zama, Aníbal se encontró en una posición precaria. Los cambios que había promulgado contra los antiguos líderes políticos lo habían convertido en enemigos dentro de la ciudad. Aunque Cartago aún no había podido ofrecer pagar la suma total, Roma se estaba poniendo nerviosa debido a los cambios que Aníbal estaba promulgando. Roma estaba haciendo lo imposible por quebrar financieramente a los cartagineses. Después de todo el tiempo que Aníbal había pasado aterrorizando a Roma en Europa, tenían miedo de lo que podría lograr si podía dominar la política cartaginesa, ya que podría darle a Aníbal lo que necesitaba mientras permaneciera en Europa. Con el respaldo del pueblo, era posible que pudiera relanzar los ataques contra Roma, y ese era su mayor temor; que Aníbal terminara lo que había comenzado.

Con dos enemigos que estaban dispuestos a dejar de lado sus diferencias para derrotarlo, Aníbal se encontró en la posición nada envidiable de tener que enfrentarse a enemigos tanto de Roma como del interior de la tierra natal que amaba.

Acusaciones Romanas y la Traición Cartaginesa de Su Líder Militar Más Famoso

Roma comenzó a buscar formas de socavar el poder de Aníbal, y sabían que los cambios que había promulgado en la legislatura le habían ganado muchos enemigos que trabajarían con ellos para recuperar su poder. Si hubo algo que Roma hizo bien, fue manipular la corrupción (es una pena que no hayan podido reconocerla en su gobierno unos siglos después).

Cabe señalar que el hombre que derrotara a Aníbal en Zama estaba en contra de las acciones del Senado romano. Escipión el Africano pensaba que debía dejarse al brillante líder militar para que mejorara la situación de su pueblo. Mientras Aníbal contara con el apoyo de su pueblo, casi con certeza honraría el acuerdo alcanzado después de la rendición. Escipión comprendía mejor de quién era Aníbal, y quería que Aníbal pudiera ayudar a Cartago a prosperar después de la paz. En última instancia, si Cartago podía prosperar, sería beneficioso para Roma. Todavía no podrían formar un ejército, y Aníbal ya estaba en sus años dorados, al menos lo que se consideraba años dorados en ese período. Por drásticos que fueran los cambios que Aníbal estaba haciendo, no era mucho lo que podía hacer dado el poco tiempo que probablemente le quedaba para vivir. Escipión probablemente sintió que al brillante militar se le debería permitir encontrar la paz, y era mucho mejor para Aníbal estar activo en política que obligarlo a retirarse. Escipión también tenía un profundo respeto por Aníbal; Escipión había aprendido mucho estudiándolo, y eso le había dado una idea de cómo ser astuto. Lo que Escipión aprendió de Aníbal cambiaría la forma en que los romanos lucharon durante siglos.

Sin embargo, al Senado romano no le importaba lo que dijera su brillante estratega militar; querían evitar que Aníbal ganara más poder. Algunos temían que no estuviera a la altura de los términos de la rendición si se le daba la oportunidad de atacarlos. Otros se dejaron influenciar por las emociones o el orgullo herido, por lo que presionaron para eliminar a Aníbal de la vida que se había labrado en la política cartaginesa.

Enviando una comisión a la ciudad, Roma quería investigar a Aníbal bajo los cargos de que todavía estaba trabajando con Antíoco III. A pesar de que habían pasado años desde que Aníbal había abandonado Europa y se había aliado con Antíoco, el gobernante del Imperio seléucida y uno de sus principales enemigos ahora que Cartago había sido sometida. Aunque Antíoco III no representaba nada parecido al tipo de amenaza que suponía Aníbal, si se unieran, juntos representarían una amenaza sustancial para Roma. No está claro si la investigación fue legítima o no o si fue hecha para eliminar a Aníbal de su cargo.

Muy pronto, Aníbal demostraría que seguía siendo un estratega. Era muy consciente de que muchos de los romanos estaban enojados porque aún estuviera libre después de todos los años que había pasado atormentándoles. Aníbal era igualmente consciente de que había ganado muchos enemigos dentro de los antiguos líderes políticos en Cartago. Después de pasar tanto tiempo estudiando las tácticas romanas, tanto en el campo como en la política, sabía que tratarían de socavar su poder. Intentarían enredarlo en un escándalo, y cuando se enteró de que querían acusarlo, Aníbal supo exactamente cómo infundirles miedo. Si no iba a poder vivir su vida en paz, Aníbal volvería a atormentar a los romanos de cualquier manera que pudiera.

La comisión romana trabajó con los corruptos políticos cartagineses para extraditar a Roma al exlíder militar. Esto eliminaría la oposición que había reducido el poder de ambos, y no había quien reemplazara a Aníbal en términos de lucha por el pueblo. Finalmente, los romanos podrían vengarse directamente del hombre que los había acosado durante una década y media.

Pero cuando los romanos vinieron a por él, Aníbal ya se había ido. Después de que los políticos de Cartago lo traicionaran una vez más, el brillante líder ya no estaba atado por el acuerdo entre Roma y Cartago. Si bien no atacaría a Cartago, ya no les proporcionaría ningún tipo de apoyo, dejando que el pueblo continuara lo que él había comenzado. Los romanos pronto aprenderían que, al desplazar a Aníbal, no tendrían paz hasta su muerte. Sin ataduras por el acuerdo, el estratega militar era libre de volver a cumplir el voto que había hecho hacía tanto tiempo a su padre: lucharía contra los romanos bajo cualquiera que quisiera su apoyo o consejo militar. Mientras Roma volvía a consolidar su poder en Europa, tenía muchos enemigos dispuestos a albergar a Aníbal a cambio de las brillantes estrategias que podía idear contra su enemigo.

Considerando que Roma lo había acusado de conspirar con Antíoco III, allí fue donde se dirigió Aníbal fue una vez que sus antiguos líderes se volvieran contra él. Esto hace que sea muy difícil determinar si las acusaciones eran realmente ciertas o si Aníbal decidió convertirlas en una profecía autocumplida que irritaría a los romanos. Esto comenzaría la siguiente fase de la vida de Aníbal, y sería muy diferente de la que había conocido antes porque ya no tenía el apoyo de sus hombres. Después de su partida de Cartago, Aníbal pasaría el resto de su vida huyendo. Los informes dicen que conservaba un anillo que contenía veneno para asegurarse de que siempre tuviera una opción después de ser capturado. De esta manera, tenía un camino hacia adelante, asegurándose de que pasaría el resto de su vida causando a Roma tantos problemas como pudiera con sus recursos limitados como fugitivo.

Capítulo 10 – El Gato y El Ratón con Roma - Roles Invertidos

Cuando Aníbal cruzara los Alpes por primera vez en el año 218 a. C., estaba en una posición de poder. Su intelecto y habilidades lo convertirían en un formidable enemigo a quien Roma continuamente subestimaba en detrimento de ellos.

Después de la traición final, a mediados de los años 190 a. C., Aníbal tenía poco más que su conocimiento e intelecto. Ahora en sus 50 años, Aníbal era un anciano que no tenía hogar. Esto ni aplastó su espíritu, ni mostró ninguna declinación en su capacidad de burlar a sus enemigos. No había países que pudieran ofrecerle un ejército que fuera comparable al que había liderado como comandante de Cartago, lo que en gran medida disminuyó lo que podía lograr, pero eso no significaba que ya no fuera una amenaza seria para Roma mientras continuaba recuperándose de la Segunda Guerra Púnica.

La Alianza que Temía Roma

El rey griego Antíoco III fue más que amable con la oferta de Aníbal de ayudarle a construir sus ejércitos y diseñar estrategias contra los romanos. Antíoco era uno de los pocos poderes que podía representar una verdadera amenaza para Roma porque había pasado tiempo expandiendo su reino mientras Roma trabajaba para expandir el suyo. Ubicado al este de la República romana, el reino helenístico había sido durante mucho tiempo un enemigo del pueblo que ahora ocupaba Roma.

La rivalidad entre el reino helenístico y la República romana estaba llegando a un punto crítico ahora que Roma había eliminado la mayor amenaza para su expansión. Había pocos que estuvieran dispuestos a enfrentarse a Roma después del final de la Segunda Guerra Púnica. Los brillantes ataques de Aníbal en gran medida fueron olvidados después de que no pudiera capturar Roma y luego perdiera frente a ellos muy cerca de su hogar. Parecía que Roma era imparable. Pero Antíoco III no estaba dispuesto a aceptar esto como el final, específicamente porque pudo obtener la ayuda del legendario Aníbal Barca. Siempre había habido factores atenuantes que habían detenido a Aníbal antes. Antíoco tal vez esperaba proporcionarle todo lo que se necesitaba para rectificar los errores que Cartago había cometido, ya que Aníbal ahora representaba la última amenaza real para Roma.

Probablemente Aníbal encarara su nueva vida con un optimismo vacilante. Había perdido su hogar, pero sabía que Antíoco sería mucho más solidario que Cartago. El conocimiento que tenía de los romanos lo convertía en un activo para Antíoco. Cuando se le mostró a Aníbal lo que el reino helenístico podía ofrecerle, el antiguo líder cartaginés se preocupó. En comparación con el equipamiento y la formación de los romanos, el reino helenístico tenía recursos obsoletos.

En lugar de ver esto como un motivo para rendirse, Aníbal comenzó a entrenar a los soldados él mismo. Con el tiempo que tenía para prepararlos, el fugitivo trabajó para diseñar el mejor método para que la flota helenística especial aterrizara en suelo romano y comenzara la guerra. Además de entrenar a los soldados, Aníbal fue mayormente relegado al puesto de asesor. Seguía siendo un extraño, y los hombres necesitaban tener una relación con sus líderes para tener la mejor oportunidad de éxito. Tampoco Antíoco estaba dispuesto a poner a un hombre potencialmente peligroso en pleno control de su ejército. Aníbal seguía siendo carismático, y esto representaba una amenaza potencial para el gobierno de Antíoco.

Cuando Antíoco finalmente sintió que era necesario darle el control a Aníbal, puso al exlíder cartaginés al frente de la armada. Por muy talentoso que fuera Aníbal, casi toda su experiencia había sido controlando ejércitos, no marinas. No tenía la experiencia necesaria para planificar completamente la lucha contra los romanos, aunque estuvo cerca de derrotar a uno de los aliados romanos, Rodas, mientras la armada estaba bajo su mando. Esto es bastante impresionante teniendo en cuenta que ni él ni sus hombres tenían experiencia en los diferentes tipos de lucha empleados cuando combatían en el agua.

A pesar de sus mejores esfuerzos, la evaluación inicial de Aníbal de las fuerzas y su equipo finalmente sería correcta. La Batalla de las Termópilas en 191 sería la última vez que brindaría asistencia a las fuerzas de Antioquía. Sabiendo qué destino le esperaba a Antíoco y qué exigirían los romanos del rey derrotado, Aníbal se fue a Anatolia. Tras la decisiva victoria romana final en 190 a. C. en la Batalla de Magnesia, Aníbal volvió a necesitar un nuevo hogar.

Un Corto Respiro y la Vida Como un Forajido

No tuvo que ir demasiado lejos para encontrar un anfitrión dispuesto a acoger su inteligencia extraordinaria. Por primera vez en su vida, Aníbal tenía un nuevo propósito bajo la protección del rey Artaxias I, el gobernante de Armenia. En lugar de luchar, el famoso forajido fue empleado para ayudar en las renovaciones y la reconstrucción de la capital armenia. Algunos historiadores informan que fue Aníbal quien recomendó al rey armenio construir una nueva capital, y siguió ese consejo. Después de décadas de destruir ciudades y asaltar pueblos, Aníbal pudo pasar el tiempo haciendo algo constructivo.

Sin embargo, el destino demostraría ser bastante cruel. Mientras Aníbal se estaba instalando en esta vida más pacífica, los romanos resolvieron los términos finales de la derrota de Antíoco, y estaban aún más ansiosos por llevar a Aníbal a Roma por crímenes contra su república. Los términos incluían un ultimátum para que el rey helenístico entregara al excomandante cartaginés. Armenia estaba cerca del reino de Antíoco, lo que significaba que, si Aníbal permanecía en su actual lugar de refugio, pondría a su anfitrión en peligro o lo entregarían para evitar una guerra con Antíoco, y posiblemente con Roma.

No había muchos lugares donde Aníbal pudiera ir porque la República romana ya no tenía enemigos importantes. Cualquiera que estuviera dispuesto a albergarlo se vería obligado a enfrentar la ira de Roma. La república estaba casi desesperada por tener en sus manos al hombre que había estado cerca de acabar con ellos. Había herido gravemente el orgullo de Roma, y ahora estaba huyendo. Lo que los romanos nuevamente no pudieron anticipar fue cuán ingenioso era Aníbal y que todavía había líderes dispuestos a ayudarlo, incluso a pequeña escala.

Después de su partida de Armenia, Aníbal se fue a una región que era un puerto para gente como él. Se mudó a un lugar que albergaba a muchos forajidos, la isla mediterránea de Creta. Aquí, los romanos no serían bienvenidos, y era más probable que la gente enfrentase a los romanos sin necesidad de una razón para pelear. Creta se encuentra aproximadamente a medio camino entre Egipto y Grecia, y los habitantes a menudo son descritos como piratas. La isla no formaba parte de ninguno de los reinos, repúblicas, imperios u otro tipo de estados; era un puerto de ellos, en gran parte sin ley, para la gente que no tenía a dónde ir. Esto lo convertía en el lugar perfecto para Aníbal, ya que buscaba un lugar donde era poco probable que lo traicionaran. Oculto entre un grupo de forajidos, era una larga caída desde donde había estado, pero era mucho más seguro para él y para los aliados que todavía tenía.

Los romanos pronto descubrieron adónde se había ido, por lo que finalmente se dirigieron a la isla sin control en busca del legendario líder militar. Como Aníbal había esperado, eran tan sutiles como los elefantes que él solía controlar. Los romanos se movieron alrededor de la isla, alegando estar siguiendo informes sobre piratas en el área. Dado que los soldados decían esto a conocidos piratas en un lugar que estaba lleno de forajidos y piratas, Aníbal se enteraba rápidamente de su llegada, y no tenía dudas sobre su verdadera razón para estar en la isla. En poco tiempo, se había visto obligado a huir de los romanos en tres ocasiones distintas. No había muchos lugares que estuvieran dispuestos a proporcionarle un lugar para vivir porque era bien sabido en el mundo antiguo que los romanos estaban desesperados por llevarlo a Roma. Sin importar la edad de Aníbal, la amenaza que representaba se sentía real, y los romanos se negaron a subestimarlo nuevamente. Así fue como continuaron persiguiendo a un anciano, incluso de su hogar entre los forajidos.

A pesar de todas las probabilidades de que estuvieran a favor de los soldados romanos, Aníbal todavía tenía gente que estaba dispuesta a recibirlo, incluso si no se desempeñaba como asesor militar. Como los romanos no eran particularmente hábiles en el secreto, la sutileza o en sus tácticas para llevarlo de regreso a Roma, Aníbal podía detectar fácilmente su llegada o saber cuándo sus anfitriones se verían obligados a atacarlo. Esto le dio una ventaja que le había permitido escapar repetidamente de sus perseguidores durante años después de que se viera obligado a huir de Cartago. Pero el legendario líder ya estaba viejo, y su capacidad para seguir corriendo disminuía progresivamente en la medida en que los romanos seguían persiguiéndolo.

Capítulo 11 – Especulaciones sobre el Final de Aníbal y el Fin de Cartago en la Tercera Guerra Púnica

La vida de Aníbal como fugitivo duraría hasta 183 o 182 a. C. El poder y el control que tenía cuando era joven atravesando los Alpes habían desaparecido, y durante el final de su vida sobrevivió casi por completo gracias a su ingenio. Aun así, continuó siendo productivo incluso mientras continuaba ocultándose de los romanos. Cuando se hizo evidente que no iba a correr, su vida terminó, aunque la forma en que finalizó todo no se conoce por completo.

Lo que ocurriría en Cartago a continuación quizás podría verse como un karma. Los líderes no pudieron apoyar a Aníbal cuando estuvo tan cerca de ganar. Una vez que dejara Cartago, nadie continuó presionando por las reformas que había implementado, y el imperio volvió a la corrupción que lo había erosionado. Cuando los cartagineses estuvieron listos para enfrentarse a los romanos, no quedaban suficientes recursos o intelecto para impulsarlos a la victoria.

Una Victoria Final y una Táctica Ingeniosa

Después de abandonar Creta, Aníbal se vio obligado a buscar la protección de otro poder en lugar de tratar de esconderse entre los forajidos (no es que hubiera muchos lugares para bandoleros debido al trabajo de Roma para someter estas áreas). Su último lugar de refugio sería en Bitinia, gobernada por el rey Prusias I. El rey vio la oportunidad de que el legendario comandante lo ayudara en la guerra contra el rey Eumenes II de Pérgamo. Pérgamo simpatizaba con Roma, dándole a Aníbal una última forma de causar problemas a los romanos. Casi toda su vida se había dedicado a ser su pesadilla, como lo demostrara su situación actual. No estaba dispuesto a rechazar una última oportunidad para demostrar que todavía era una piedra en sus zapatos.

Aníbal pudo brindarle al rey algunos consejos sobre la guerra entre Bitinia y Pérgamo. Durante este tiempo, el cartaginés experimentaría su último éxito militar. Su tiempo trabajando con la flota helenística demostró haberle dado un conocimiento adecuado de la guerra naval. Actuando como almirante, Aníbal lideró a la flota en una victoria contra la flota de Pérgamo en 184 a. C. Pero fue una táctica desprevenida utilizada por Aníbal la que demostraría ser increíblemente efectiva y completamente inesperada.

Los hombres de Bitinia bajo su mando comenzaron a traer cántaros a la cubierta, y la flota de Pérgamo inmediatamente comenzó a burlarse de su extraña elección del armamento. Los abucheos y las carcajadas pronto se transformaron en gritos y miedo después de que la flota de Bitinia lanzara los cántaros sobre las cubiertas de la flota de Pérgamo. Cuando los cántaros se rompieron, las serpientes venenosas comenzaron a retorcerse furiosamente en los barcos enemigos. Aunque habían superado en número a los bitinios, este ataque completamente inesperado resultó en una derrota para Pérgamo. Probablemente fue una combinación de miedo a las criaturas venenosas y la psicología del ataque sorpresa e inimaginable lo que hizo que finalmente se rindieran después de la batalla. Tratar de eliminar todas las serpientes venenosas e intentar luchar contra la otra flota era imposible de lograr. Sin embargo, los bitinios, pudieron concentrarse en ataques más calculados a medida que la flota de Pérgamo entraba en pánico.

Este es el primer ejemplo registrado de guerra biológica. Con el tiempo, evolucionaría y cambiaría, siendo las víctimas de la peste negra uno de los primeros ejemplos de guerra biológica con una enfermedad mortal. Sin esta estrategia totalmente inesperada de Aníbal, la guerra biológica probablemente no habría comenzado durante siglos. Este fue uno de los últimos golpes del ingenio de Aníbal, y demostraría ser una inspiración para otros líderes militares más adelante en la historia.

El problema era que una maniobra tan singular contra un aliado de Roma hacía evidente dónde se encontraba Aníbal. En ese momento, no había otro líder militar que pudiera haber ideado un medio tan inimaginable para tomar el control de una pelea. En definitiva, el rey Prusias I perdió. En el 183 o 182 a. C., el rey se vio obligado a enfrentar la derrota, junto con la demanda demasiado conocida de que Aníbal fuera entregado a los romanos. El rey Prusias no podía negar a los vencedores sus demandas, pero no facilitaría a los romanos capturar al hombre que le había proporcionado la esperanza de la victoria. Cuando se hizo la demanda, el rey insistió en que tenía demasiados problemas apremiantes para ir a cazar a un solo hombre en su reino.

Molestos, los romanos se vieron obligados a cazar en el reino recién conquistado en una búsqueda que se había vuelto demasiado familiar. Al negarse a darse por vencidos cuando sabían que Aníbal todavía estaba en el país, comenzaron su búsqueda, y nuevamente, fueron fáciles de detectar cuando peinaban las calles.

Aníbal había abandonado la ciudad, pero no podía seguir buscando un nuevo hogar en un nuevo país. Después de haber encontrado una pequeña casa en Libysa (hoy la ciudad de Gebze, Turquía), en ese momento una antigua aldea, no haría otro intento de escapar. Lo que lo mató, actualmente está en disputa. Algunos dicen que finalmente una infección acabó con él, mientras que otros afirman que optó por acabar con su propia vida con el veneno del anillo que había usado desde que dejara Cartago. Lo que es seguro es que los romanos no lo encontraron vivo. En el último acto de incitar a los romanos, Aníbal les había negado la satisfacción de llevarlo de regreso a Roma.

A través de los milenios, han llegado algunos informes diciendo que los romanos encontraron al anciano moribundo en su hogar. Cuando finalmente irrumpieron en su casa, Aníbal pronunció sus últimas palabras en forma de burla: "Aliviemos a los romanos de su larga ansiedad, ya que les resulta tedioso esperar la muerte de un anciano". A los 65 años, Aníbal había sobrevivido más allá de la esperanza de vida de una persona normal y mucho más allá de la esperanza de vida de un soldado. Pasó aproximadamente una década y media atormentando a los romanos, una década que les causó incomodidad y cautela en su territorio y luego una década que los llevó a una persecución por el Mediterráneo. A pesar de lo mucho que odiaban al hombre, los romanos habían aprendido a respetarlo. Es poco probable que lamentaran su destino (aparte del hecho de que no llegaron a terminar con su vida), pero podrían haber lamentado la pérdida de un hombre que había logrado más que cualquier otro líder militar desde Alejandro Magno.

La Tercera Guerra Púnica y el Fin de Cartago

Poco más de treinta años después de la muerte de Aníbal, comenzó la Tercera Guerra Púnica. Gracias a los cambios financieros del legendario comandante cartaginés, Cartago no había sufrido financieramente después de la Segunda Guerra Púnica (como lo hizo después de la Primera Guerra Púnica). En la primera guerra, Cartago había perdido Sicilia y después de la segunda guerra, había perdido sus territorios en la península ibérica, la flota cartaginesa y toda la autonomía militar. Una vez que Aníbal se fuera, los líderes cartagineses estuvieron más que felices de declararlo su mayor enemigo en un esfuerzo por demostrar que eran amigos de Roma. Esto sería tan exitoso como su intento de permanecer neutral mientras Aníbal estuvo en Europa. Al ver el imperio derruido a algo más que un nuevo medio para su expansión continua, Roma comenzaría a usarlo como un recurso crítico para la cebada y el grano.

Los cartagineses no solo estaban perdiendo sus recursos, sino que los romanos también estaban haciendo poco o nada para detener los continuos ataques de Numidia. Todavía gobernados por Masinisa, los numidianos continuaron atacando a los cartagineses, tomando pequeños trozos del antiguo imperio e incorporándolos a la expansión numidiana. Para el año 200 a. C., habían tomado aproximadamente la mitad de los territorios cartagineses. Sin ninguna forma de luchar contra ellos sin la aprobación y los soldados romanos, Cartago se vio obligada a ver cómo desaparecía su poderoso imperio. Incluso los cobardes que se habían apresurado a volverse contra Aníbal no podían soportar ver cuán bajo habían caído. Ya que no podían beneficiarse del imperio, estaban listos para tratar de tomar una posición contra los romanos.

Era muy tarde.

Para el año 150 a. C. los cartagineses habían logrado reunir un ejército de 31.000 hombres para marchar contra el rey numidiano. Sus soldados no tenían la experiencia necesaria, y Cartago ya no tenía un comandante militar que supiera como elaborar estrategias. El resultado final fue que las fuerzas numidianas derrotaron fácilmente a los cartagineses.

Cartago no solo perdió su ejército durante este débil intento de proteger sus fronteras, sino que también les dio a los romanos una excusa para atacarlos directamente. A pesar de lo desesperados que habían estado los cartagineses por tratar de apaciguar a los romanos cuando los Barcas aún tenían la capacidad para ganar, los romanos los veían como enemigos, aunque enemigos muy inferiores a lo que habían sido. Considerando lo rápido que Cartago había podido pagar las reparaciones después de la última Guerra Púnica, estaba claro que la ciudad aún estaba prosperando. Como había un acuerdo vigente como consecuencia de esa guerra, Roma no podía tomar dinero adicional de ellos o penalizarlos sin una excusa. Esto fue suplantado cuando Cartago finalmente trató de defenderse después de que Roma hubiera descuidado sus fronteras. Varios senadores romanos aún temían que Cartago pudiera levantarse una vez más, ya que nuevamente estaba prosperando. Presionaron para que los romanos tomaran medidas porque declararon que Cartago claramente había roto el acuerdo. Al formar un ejército y avanzar contra los numidianos, los cartagineses habían demostrado que no iban a cumplir el acuerdo. El argumento en el Senado romano se fortaleció cuando se señaló que el rey numidiano era uno de sus aliados. Esto señaló aún más a los cartagineses como enemigos de Roma. Es fácil imaginar que, incluso después de un par de décadas posteriores a la muerte de Aníbal todavía había cierto resentimiento por el hecho de que nunca lo hubieran llevado con ellos para que diera cuenta de lo que le había hecho a Roma.

Cartago sabía que sus acciones provocarían un revuelo en Roma. Quizás no estaban al tanto del debate que en ese momento se estaba llevando a cabo en Roma, pero sabían que tenían que enviar emisarios para discutir lo que había sucedido. Sintieron que tenían un fuerte argumento, ya que Masinisa había estado destruyendo constantemente sus tierras, algo que sentían que los romanos debían entender. Lo que los cartagineses no entendieron era que Roma ya había considerado eso y lo veía como una razón para implementar un requisito estricto en la rendición, Roma quería que Cartago se volviera romana o desapareciera. Demasiados senadores habían estado presionando para que Roma invadiera Cartago de modo que pudiera escuchar a los cartagineses. Cuando la ciudad de Utica, uno de los aliados más antiguos de Cartago, decidió pasarse a apoyar a Roma, el Senado romano vio una oportunidad que no podían ignorar. Utica podría proporcionarles una base militar para los soldados romanos de modo que los romanos no tuvieran que luchar para establecer un punto de apoyo. Ubicada a solo una hora de Cartago, sería fácil planificar una invasión desde la ciudad.

No dispuesta a dejar que Cartago supiera sus verdaderas intenciones, Roma fingió mantener abierto un canal de diplomacia. Insistieron en que los cartagineses debían proporcionar 300 niños nobles a Roma para que fueran colaterales durante las negociaciones en el 149 a. C. Sin embargo, pronto dejaron caer la máscara y declararon la guerra a Cartago, tomando por sorpresa a los proclamados enemigos de Roma. Cerca de 85.000 romanos fueron enviados al norte de África sabiendo que tendrían muy poca resistencia de Cartago. Los pocos soldados que tenía el imperio caído no podían resistir a la gran fuerza romana.

Todavía pretendiendo ofrecer una solución no violenta, Roma envió a los líderes cartagineses los términos de la rendición. Como Cartago debería haber podido predecir, los términos no eran aceptables; Cartago tendría que disolver por completo su ejército, lo que implicaba que dependerían completamente de Roma ante cualquier ataque de otros reinos. Cartago también tendría que entregar todas sus armas militares y liberar a los prisioneros. Sin embargo, la peor condición demostró que Roma no deseaba la paz: todos los cartagineses tendrían que abandonar la ciudad y encontrar nuevos hogares, dejando la ciudad para que Roma completara la ocupación.

No hubo necesidad de considerar los términos de la rendición porque, de cualquier manera, el pueblo cartaginés no tenía nada que perder luchando. Nuevamente, no tenían verdaderos líderes militares, y sus soldados no se parecían en nada a los que habían estado bajo el mando de Aníbal o incluso su padre. Aun así, el pueblo decidió que era hora de tomar una posición final. Roma había estado disminuyendo lentamente su autonomía, al igual que Masinisa había estado destruyendo sus tierras. Los esclavos fueron liberados para que pudieran servir o huir. Los soldados restantes fueron llamados de la frontera de Numidia. Su ciudad estaba bien fortificada, y pensaron que su mejor opción era intentar resistir detrás de los muros.

El primer intento de asedio de Roma al comienzo de la Tercera Guerra Púnica en el año 149 a. C. fue bien para los cartagineses. Roma no podía penetrar los muros ni bloquear completamente el puerto. Los barcos pudieron continuar trayendo suministros a la ciudad, asegurando que el asedio no tuviera el efecto deseado de matar de hambre y desmoralizar a los aproximadamente 200.000 cartagineses detrás de los muros. Además de los suministros que podrían ingresar a la ciudad, los cartagineses lograron atacar a la flota romana y prenderle fuego. Se enviaron pequeños grupos para sabotear los propulsores de asedio justo cuando comenzaba el caluroso verano del norte de África.

Alrededor del campo, el ejército había logrado resistir contra los romanos. En un extraño giro del destino, un nuevo rey había llegado al poder en Numidia, y envió un cuerpo de caballería para ayudar a los cartagineses. En el 148 a. C., cada vez se hizo más obvio para los romanos que una fácil victoria no estaba garantizada. Habían acorralado al pueblo en un rincón, dándoles toda la razón necesaria para luchar.

En 147 a. C., el joven comandante Publio Cornelio Escipión Emiliano, hijo adoptivo del hijo de Escipión Africano, trató de fortalecer el asedio. Creó un muro que impedía que todos los barcos cartagineses llegaran al puerto, bloqueando por completo los medios más fáciles de obtener suministros. Cartago intentó dos veces atravesar el muro creando una nueva salida en el puerto, pero dos veces, se vieron obligados a retirarse. El muro tenía un segundo propósito. Se convirtió en la base desde la cual Escipión haría ataques constantes contra los muros cartagineses. Los intentos de Cartago de destruir los motores de asedio no funcionaron, ya que Escipión trajo más motores de asedio para continuar el ataque.

El ejército cartaginés no pudo regresar a la ciudad porque el ejército romano los tenía encerrados en un área al sur de Cartago. Al ver la oportunidad de eliminar al ejército, Escipión dejó los motores de asedio activos y llevó a sus hombres al sur. Un asedio de tres semanas en la ciudad cartaginesa de Neferis terminó con la destrucción del ejército cartaginés. Durante la primera mitad de 146 a. C., comenzó un ataque completo contra Cartago. Rompiendo las fortificaciones en el puerto, los romanos finalmente pudieron entrar en la ciudad. Una semana después de entrar en Cartago, todos menos la ciudadela, habían caído. Probablemente habría tomado menos tiempo si los soldados romanos no se hubieran distraído saqueando y destruyendo parte de la cultura cartaginesa.

La lucha final acogió al último comandante cartaginés, Asdrúbal el Beotarca, los soldados que le quedaban y 900 soldados romanos que habían desertado frente a la fuerza romana restante. Como había torturado a los romanos que fueron capturados en los primeros días, Asdrúbal sabía que no le tendrían piedad. Tal vez esperando que sus hombres y sus familias se salvaran, Asdrúbal se rindió. Avergonzada de lo que había hecho su marido, su esposa arrojó a sus hijos y a sí misma en la pira funeraria cartaginesa. Los soldados cartagineses restantes siguieron su ejemplo, terminando la pelea.

Después de tres guerras de pérdidas progresivamente devastadoras, el Imperio cartaginés dejó de existir. La región se convirtió en una provincia romana, pero no existían planes para establecerse en Cartago. En cambio, Utica se convirtió en la capital de la nueva provincia de Roma. Después de la rotunda victoria, el comandante romano Escipión Emiliano llegó a ser conocido como Escipión Africano el Joven, denotando su papel en la derrota de Cartago tal como lo había hecho su abuelo para terminar la Segunda Guerra Púnica. No fue hasta el ascenso al poder de Julio César, que la ciudad volvería a establecerse.

Capítulo 12 - El Legado y la Leyenda

Hay muchos que elogian a Aníbal como el estratega militar más brillante de la historia, y es indiscutiblemente uno de los mejores líderes militares de la historia. Luchó con convicción y sin ser imprudente. Era el tipo de líder que simplemente ya no existe, pero eso no significa que la gente no haya aprendido de su ejemplo. Desde adoptar sus estrategias militares hasta convertirse en uno de los personajes de ficción más famosos de la actualidad, Aníbal es una figura histórica que realmente hace honor a la leyenda que lo rodea.

Dando Forma a Roma

Al derrotar finalmente a Aníbal, la República romana se erigió en el poder unificador de la civilización occidental. Los siglos V y IV a. C. vieron muchísimos cambios en la dinámica del poder, con muchos poderes más pequeños que se separaron de los poderes más grandes, así como cambios generales en los poderes de la región. El Imperio cartaginés podría haberse perpetuado si no hubiera sido controlado por figuras menos incompetentes que buscaron el auto enriquecimiento y la preservación de sí mismos por encima del mejoramiento del pueblo que estaba a su cargo. Cuando la República romana se enfrentó a la ira de Aníbal, definitivamente mostró algunos de estos síntomas, pero eso se debió más a la preocupación por la supervivencia del joven poder que a la codicia y el interés personal. Había gente en Roma que estaba dispuesta a retroceder y aprender de su enemigo, a diferencia de los hombres de Cartago.

La aterradora realidad de Aníbal le enseñó mucho al pueblo de Roma sobre el poder militar y lo que se podía lograr a través de líderes fuertes. Esto eventualmente llevó al país a depender demasiado de los militares hasta el punto de que fue tomada por un dictador, pero, aun así, Roma se convirtió en una potencia dominante en Europa durante siglos. Es posible que, al estudiar la falta de apoyo de Aníbal por parte de Cartago, Julio César pudiera justificar sus acciones cuando ocurriera la próxima crisis. En ese momento Roma no se enfrentó a nada tan aterrador como Aníbal, pero estaba claro que la gente en el poder se estaba volviendo menos capaz de ver lo que era mejor para su pueblo. En lugar de dejarlo en manos del Senado, César tomó el control, escapando así del destino de Aníbal. Nacido poco más de 100 años después del final de la Segunda Guerra Púnica, no hay duda de que César estudió ese período particularmente desgarrador de la historia, y aprendió su lección de ella.

Más allá de la siguiente figura histórica importante en Europa, la presencia de Aníbal les enseñó mucho a los romanos sobre la guerra terrestre. Habían demostrado ser hábiles aprendices cuando lucharon contra Cartago en la Primera Guerra Púnica, pero no combatieron contra toda la fuerza del ejército cartaginés hasta que Aníbal llevó esa fuerza a sus puertas. Cometieron errores continuamente, porque antes de ese momento no habían experimentado desafíos tan grandes.

Los romanos eran guerreros expertos, como se hizo evidente por su capacidad para unir a la Italia moderna, pero no tenían experiencia en la lucha contra un líder militar como Aníbal. Luchando contra su padre, se habían beneficiado de la interferencia y la renuencia del gobierno cartaginés para luchar. Roma finalmente experimentó con Aníbal cómo era un verdadero poder militar, y no tenían forma de contrarrestarlo. Hombres como Escipión observaron y aprendieron de los movimientos de Aníbal. Reconoció la naturaleza ingeniosa de lo que Aníbal pudo lograr y cómo pudo salir de las situaciones más imposibles, al igual que se dijo que Odiseo había hecho en la *Odisea*. Después de estudiar esas tácticas, Escipión las usó contra Aníbal con gran eficiencia. Este fue el tipo de tácticas que eventualmente llegaron a ser empleadas por los romanos mientras marchaban por el continente europeo. Por mucho que odiaran a Aníbal, los romanos finalmente le debieron mucho por sus éxitos posteriores. Emplearon los mismos intentos de negociaciones y políticas para controlar grandes extensiones del continente. Esta fue una táctica que Aníbal usó en sus tierras durante sus quince años de destrucción.

Lo que Se Perdió

Habría una Guerra Púnica más para seguir el largo camino de terror de Aníbal durante la Segunda Guerra Púnica, pero en ese momento, Cartago ya no era el poder que había sido. Eran poco más que una provincia de Roma, incapaces de actuar o beneficiarse sin el permiso de la república romana. Buscando su propia independencia, la ciudad fue finalmente arrasada por los romanos. La perpetua puñalada por la espalda de la clase dominante durante los días de Aníbal finalmente dio los frutos que los políticos corruptos habían sembrado. Cuando César llegó al poder, Cartago ya no existía.

Lamentablemente, una de las mejores cualidades de Aníbal se ha perdido por completo en los líderes militares de hoy, y se nota en la forma en que operan los militares. Al hacer lo imposible, Aníbal demostró que la estrategia militar iba mucho más allá de la simple lucha. Los mercenarios le fueron leales de una manera en la que muchos de los militares de hoy no son leales a sus líderes actuales. Esto se debe a que Aníbal no solo entendía a los hombres bajo su mando, sino que también luchaba con ellos en lugar de mantenerse a salvo detrás de las líneas. Fue herido muchas veces, pero no se escondió detrás de sus fuerzas militares. Valoraba a sus hombres, por lo que depositaron toda su fe en él, lo suficiente como para cruzar los nevados Alpes con elefantes para atacar a un poder en ascenso.

Una de las cosas por las que Aníbal sigue siendo más conocido hoy, es por su capacidad para inspirar el mismo tipo de lealtad que sentía hacia sus hombres. En cuanto a la gente que desertara para pasarse a su lado, cuando atacó las áreas alrededor de Roma, Aníbal no les olvidó. En sus últimos años, ofreció sus servicios a quienes se habían puesto de su lado o a cualquiera que aún se opusiera a Roma. Mantuvo el voto que hizo a su padre, pero también entendió el valor de las alianzas. Roma demostró en repetidas ocasiones que no eran honorables al tratar con Cartago, por lo que Aníbal trabajó con aquellos que demostraron que todavía eran leales a él, incluso cuando al final de su vida huyó del creciente poder de Roma.

El legendario líder mostró un sentido de la lealtad que a menudo también falta hoy. Podría haber seguido atacando a Roma, pero su lealtad estaba en proteger su hogar, Cartago. Esta resultó ser su perdición, pero aun así es encomiable. No importa cuántas veces los irresponsables líderes cartagineses fallaron y lo traicionaron, Aníbal sabía distinguir entre los líderes y el pueblo. Fue por eso por lo que tanta gente respondió ante él después de que dejara el ejército y tratara de dar mejor forma a Cartago por medios políticos.

Quizás una de las pérdidas más tristes es que hoy no tenemos líderes con el mismo ingenio y la misma capacidad para comprender tantas facetas diferentes del liderazgo. Cuando se vio obligado a colgar su espada, Aníbal recurrió a su conocimiento político para promulgar el cambio en Cartago. Su padre le había enseñado a pelear, pero a Aníbal también le enseñaron a pensar y escribir con los eruditos griegos. Al fusionar lo que había aprendido de diferentes fuentes, Aníbal pudo aprovechar al máximo los recursos limitados, lograr lo imposible (incluso estar huyendo de Roma durante tanto tiempo aun a su avanzada edad) e influir en el pueblo a través de las palabras. Algunos de los mejores líderes del Imperio romano y bizantino aprendieron de su ejemplo, y estos imperios crearon pueblos con un molde similar (aunque nadie tan capaz como el líder cartaginés). Hoy, los líderes están demasiado especializados, en gran medida se pierden en artimañas políticas y no entienden lo que los grandes líderes del pasado entendían perfectamente. El poder está con el pueblo. Si bien un líder puede ser influenciado, en última instancia, su mejor fortaleza es liderar con el ejemplo y construir vínculos. Se podría argumentar que hoy las personas más inteligentes y capaces son reacias a unirse a la refriega política debido a lo tóxico que es en todo el mundo. Cada generación tiene sus propios problemas y demonios que enfrentar. Para Aníbal, ese problema y ese demonio fue Roma, y no se rindió. En cambio, inspiró a otros, reuniéndolos bajo de su estandarte y luego peleando hasta que no hubiera otro lugar a donde ir.

Los romanos nunca fueron tan originales o ingeniosos como Aníbal, sino que incluso aprovecharon sus ventajas. A lo largo de los siglos, se aseguraron de tener el mejor ejército de su región, el tipo de ejército que no podía ser batido ni en tierra ni en el agua. El énfasis en la construcción de un ejército tan poderoso fue el resultado directo de la invasión de Italia por Aníbal. Los romanos aprendieron que una ciudad fuertemente fortificada no era suficiente para asegurar las tierras que habían tomado. Se esforzaron por tener el tipo de ejército que había seguido a su peor enemigo, y en su mayor parte, tuvieron éxito. Tal vez demasiado, ya que el entrenamiento militar que recibieron los líderes de las tribus germánicas que se incorporaron al Imperio romano eventualmente lo dirigieron contra Roma en su declinación. No hay duda de que Roma aprendió mucho de Aníbal, pero con el tiempo, perdieron una de las lecciones más importantes: luchar contra la corrupción interna. La ventaja que tuvieron en una guerra de desgaste contra Aníbal se debió en gran parte a la corrupción de los líderes cartagineses y al hecho de que se negaron a proporcionar apoyo a sus militares. Roma cometió el mismo error unos 600 años más tarde.

Los Efectos Aún Se Sienten Hoy

La gente no tiene que saber mucho sobre Aníbal para ver los efectos que su vida tuvo en el mundo de hoy. Desde los diferentes tipos de guerra que se utilizan hoy en día hasta algunas de nuestras obras de ficción más intrigantes, Aníbal todavía está librando sus guerras en la conciencia colectiva.

Cómo Cambió la Guerra Aníbal

A pesar de que desde la época de Aníbal el ejército ha cambiado tanto que es casi irreconocible, muchas de las tácticas y estrategias que empleó todavía se utilizan en la actualidad. La táctica de conmoción y asombro fue demostrada por primera vez por Aníbal y su marcha sobre los Alpes. La razón por la que funcionó tan bien fue porque los romanos creían estar a salvo por la cordillera. Sin embargo, un día, se despertaron y encontraron a su enemigo no solo descendiendo de los Alpes, sino descendiendo con más de una docena de elefantes, una criatura que muchos de ellos nunca habían visto antes. No solo fue impactante, sino desmoralizador, ya que esta fuerza se abalanzó sobre Roma sin ningún problema.

El ingenioso uso de Aníbal de las serpientes venenosas más tarde en su vida demostró que los años no habían degradado su capacidad de pensar en términos de estrategia. Se considera uno de los primeros ejemplos (si no el primer ejemplo) de guerra biológica, algo que se ha vuelto mucho más común hoy. Aunque es quizás con sentimientos encontrados que este tipo de guerra peligrosa se remonta a él, no hay duda de que fue ingenioso y le dio a Aníbal y a sus luchadores una ventaja cuando eran superados en número.

Uno de los Caracteres Más Carismáticos del Mundo

Quizás uno de los paralelismos más extraños entre la forma en que fue vilipendiado en Roma y su reputación hoy se presenta en uno de los villanos más carismáticos de las películas de hoy. El personaje

Aníbal Lecter está basado en una persona real (el médico mexicano Alfredo Balli Trevino), pero se teoriza que el personaje lleva el nombre del genio estratega de Cartago. Si bien Aníbal Barca no era un caníbal, hay muchos aspectos de su intelecto que se reflejan en el personaje de Aníbal Lecter.

Al igual que Aníbal Barca, Aníbal Lecter siempre parece estar muy por delante de sus enemigos. Cuando está encarcelado, es carismático y encantador, y le brinda a la protagonista, Clarice Starling, lo que necesita para finalmente detener a Jame Gumb, mejor recordado como Buffalo Bill. Ella era abierta con él, por lo que Aníbal le fue leal. Cuando uno de los compañeros internos la asusta, Aníbal mata al interno. Hizo muchas cosas que no necesitaba hacer porque tenía un sentido de lealtad o conectividad con Clarice. Ella no era su enemiga.

Aníbal esperó pacientemente su momento para atacar y logró escapar del confinamiento de la prisión porque sabía cómo aprovechar al máximo lo que estaba disponible. Parece que era imposible sobrestimar lo que Aníbal Lecter podía lograr, lo que definitivamente fue cierto para Aníbal Barca. Ninguno de los hombres estaba vinculado a ninguna especialidad específica o al conocimiento solo en un solo campo. Tenían un profundo conocimiento de muchos campos y áreas, e incluso cuando estuvieron atrapados, continuaron mejorando sus mentes, buscando formas de convertir las debilidades en ventajas. El personaje es un oscuro ejemplo de las capacidades de Aníbal Barca. Es "cuco" para la civilización moderna, tal como lo fue el legendario líder para la gente de la República romana que algún día llegaría a gobernar gran parte del mundo conocido.

Otro personaje popular que lleva el nombre del legendario comandante fue John "Aníbal" Smith del exitoso programa de televisión de 1980, *The A-Team (El Equipo-A)*. En este caso, el paralelismo entre el hombre legendario y el personaje es mucho menos oscuro que los paralelismos con Aníbal Lecter. El Aníbal del A-Team era un buen tipo que podía llevar a sus hombres a la victoria, a menudo mediante el uso de disfraces y planes ingeniosos cuando él y su equipo estaban en situaciones imposibles.

Conclusión

El nombre del legendario líder del ejército cartaginés todavía se conoce hoy. Incluso las personas que saben poco sobre sus logros han oído hablar del líder militar que cargó sobre los Alpes con elefantes para atacar a Roma. Saben que era un táctico brillante, rivalizando con hombres como Alejandro Magno y Julio César. Desafortunadamente, Aníbal no tomó su brillante liderazgo en la misma dirección que los otros dos hombres. No trató de gobernar Cartago y, en última instancia, la corrupción y la incompetencia del gobierno en Cartago lo traicionarían.

El nombre Aníbal ha sobrevivido durante dos milenios debido al enorme respeto y admiración que inspiró, incluso en sus enemigos. Teniendo en cuenta cómo fueron los últimos años de su vida, está claro que la gente en el poder en la República romana le tenía un candente odio que incluso la vejez no pudo calmar. Sin embargo, los historiadores y estrategas militares todavía se aseguraron de que los muchos logros del hombre fueran registrados y conservados a través de los años. Sus estrategias iban más allá de cualquier cosa con la que los generales y comandantes militares de la época pudieran soñar, ya que Aníbal era un hombre muy inteligente, similar a Odiseo cuando usó el sigilo y los trucos para poner fin a la Guerra de Troya. Quizás algunos de los paralelismos entre el legendario líder griego y Aníbal ayudaron a inspirar el tipo de admiración que ayudó al nombre de Aníbal a sobrevivir cuando se olvidaron los nombres de tantos otros comandantes y generales.

Es lamentable que Aníbal viviera en ese periodo histórico. Si Cartago hubiera tenido un táctico tan brillante un siglo antes cuando era un imperio próspero, los cambios que podría haber realizado en el ejército o como estadista habrían cambiado el curso de toda la historia occidental. Incluso viviendo en el período en que lo hizo, si Cartago le hubiera brindado el apoyo que solicitó, es casi seguro que la historia occidental sería irreconocible, ya que el Imperio romano nunca hubiera existido. Roma no podía esperar a enfrentarse al legendario comandante incluso después de años de guerra contra él. Lo único que salvó a Roma de la destrucción fue el hecho de que la ciudad estaba tan bien fortificada y que Aníbal no perdió su tiempo y la vida de sus hombres por algo que él consideraba fuera de su alcance. Sin embargo, todo lo que habría requerido habría sido que Cartago enviara el apoyo y los fondos solicitados, y toda la historia occidental se habría reescrito por completo, siendo Aníbal una figura mucho más célebre cuya historia de vida estaría tan bien documentada como las vidas de hombres como Alejandro Magno y Julio César.

El hecho de que todo nuestro conocimiento de este hombre más-grande-que-la-vida provenga de sus enemigos dice mucho sobre el efecto que tuvo su presencia en el continente. Fue el "cuco" romano, pero los que habían luchado contra él lo respetaban por su brillantez. Esto es evidente por el deseo de Escipión de dejar solo a Aníbal una vez que se hubiera convertido en una figura elegida en la política cartaginesa. Sin embargo, no hay duda de que Aníbal fue vilipendiado, pero ese vilipendio se mezcló con mucho asombro y lecciones aprendidas. Si Roma se convirtió en el imperio que fue, fue gracias a Aníbal, no a pesar de él. Sus tácticas y brillantez, tanto en el campo como fuera de él, le mostraron a Roma lo mucho que aún tenían que aprender. La forma en que fue capaz de romper sus filas, incluso cuando fue superado en número, le enseñó a Roma sobre la estrategia de una manera que no se puede aprender de un libro. Las tácticas utilizadas por los militares hoy todavía dependen en gran medida de los movimientos tácticos de un hombre que vivió hace más de 2.000 años. Y hoy, sus acciones todavía se consideran geniales y fuera de las normas.

Bibliografía

Cartago, Patrick Hunt, 2019, Enciclopedia Británica, www.britannica.com

La Estrategia de Fabián: Desgastando al Enemigo,, Kennedy Hickman, marzo 6/17, ThoughtCo.dash, www.thoughtco.com/

FC29A: Roma versus Cartago, Chris Butler, 2007, www.flowofhistory.com

Primera Guerra Púnica , Los Editores de la Enciclopedia Británica, 2019, Enciclopedia Británica, www.britannica.com

Aníbal Barca El Más Grande General, Barry Linton, 2015, Publicado porby Make Profits Easy LLC.

Aníbal Barca, Una Vida de Principio a Fin, 2017, Historia por Hora.

Aníbal Barca, Jona Lendering, mayo 25/19, Livio, www.livius.org

Aníbal Barca, El Genio Militar que Desafió a la República Romana, Dattatreya Mandal, junio 27/19, Reino de la Historia, www.realmofhistory.com/

Aníbal Biografía General (c. 247 a. C. 183 a. C.) Biografía, 2019, A&E Television Networks LLC, www.biography.com

Aníbal, Adel Beshara, 2019, realhistoryww.com

Aníbal, Joshua J. Mark, marzo 29/2018, Historia Antigua, www.ancient.eu

Aníbal: General Cartaginés [[247-C.181 BC], William Culican, Patrick Hunt, Junio 6/19, Enciclopedia Británica, www.britannica.com

John Aníbal Smith, Wikipedia, abril 2/19, Fundación Wikimedia Inc, en.wikipedia.org

Maestros del Comando: Alejandro Aníbal César y el Genio del Liderazgo, Barry Strauss, Simon & Schuster Paperbacks Inc, New York NY, Copyright 2012

Tercera Guerra Púnica, Enciclopedia de Historia Antigua, 2016, https://www.ancient.eu.

Los 12 Mejores Datos sobre Aníbal Barca, Saugat Adhikari, junio 25/19, Listas de Historia Antigua, www.ancienthistorylists.com

Vea más libros escritos por Captivating History

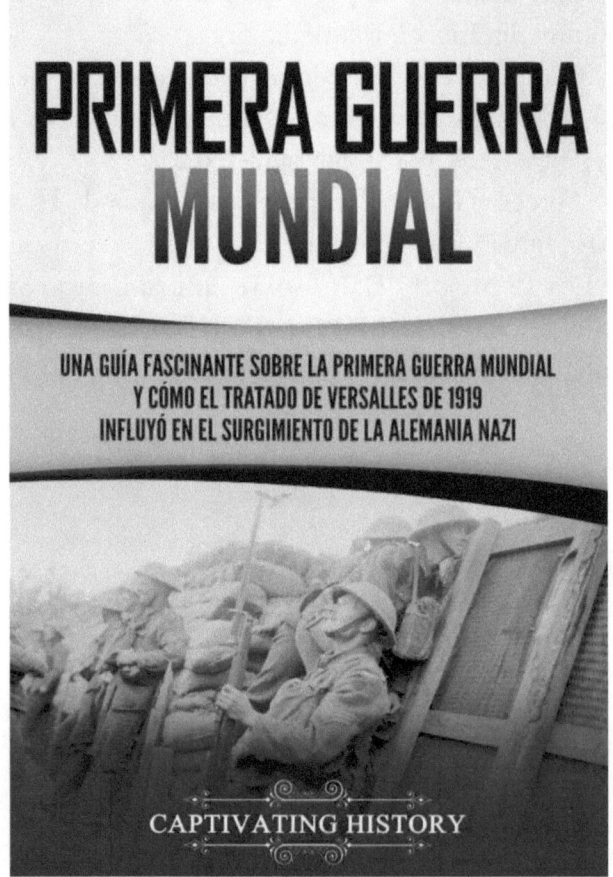

www.ingramcontent.com/pod-product-compliance
Lightning Source LLC
LaVergne TN
LVHW041647060526
838200LV00040B/1746